LES DIPLÔMES DE L'ALLIANCE

Certificat d'études de français pratique

niveau 1

Danièle Olivier
Sylvie Peltier
Béatrix Sampsonis
Hélène Sevestre

Coordonné par Françoise Noël-Jothy

AllianceFrançaise

Didier

Couverture : Cécédille
Maquette intérieure et mise en page : Cécédille

© Les Éditions Didier, Paris 2002   ISBN 2-278-05253-5   Imprimé en France

LES CERTIFICATIONS DE L'ALLIANCE FRANÇAISE

Dans un cadre européen et au-delà, à une époque où le multilinguisme et la diversité des cultures apparaissent plus que jamais comme des valeurs à promouvoir, il importe de disposer, dans les différentes langues, de systèmes d'évaluation lisibles pour les apprenants, les prescripteurs et les employeurs.

Grâce au travail des équipes de l'Alliance française de Paris, l'École propose aujourd'hui des versions rénovées de ses propres certifications. Celles-ci s'inscrivent dans le cadre de l'ALTE (Association of Language Testers in Europe), dont l'Alliance française est membre fondateur, et elles sont conformes aux principes actuellement en vigueur en matière d'évaluation.

La transparence, les équivalences de niveau d'une langue à une autre sont dorénavant les qualités de base dans ce domaine. Il importe par ailleurs que les utilisateurs puissent différencier les quatre compétences, et en fonction des exigences de chacun, être à même d'évaluer séparément le niveau d'un apprenant dans l'une de ces compétences. Quant à la centralisation de la conception des sujets et de la correction des écrits, ce sont des éléments de fiabilité indispensables.

Les équipes qui ont conçu les sujets présentés ici sont rompues aux techniques de l'évaluation. À l'exigence théorique, elles ont su associer le réalisme des praticiens, pour créer des sujets correspondant bien au niveau évalué, sur des assises scientifiques sûres.

Groupes de réflexion, équipes de production, experts, tous ont contribué à faire des diplômes de l'Alliance française une référence dans le domaine de l'évaluation.

Annie MONNERIE-GOARIN

CERTIFICATS ET DIPLÔMES
DE L'ALLIANCE FRANÇAISE DE PARIS

L'Alliance française de Paris délivre des certificats et des diplômes :

- à tous les niveaux : du niveau débutant au niveau le plus avancé;
- conçus et corrigés à l'Alliance Française de Paris par des professeurs confirmés;
- passés dans 54 pays et 116 centres d'examen;
- reconnus à l'échelon international :
  - en Europe : ils sont intégrés au cadre de référence établi par l'ALTE (Association des Centres d'Évaluation en Europe);
  - dans le monde : grâce au réseau des Alliances françaises ;
- recommandés pour favoriser la mobilité professionnelle dans l'Union Européenne;
- réservés à des candidats dont la langue française n'est pas la langue maternelle.

• •

CERTIFICATS ET DIPLÔMES DELIVRÉS PAR L'ALLIANCE FRANÇAISE
Français langue générale

••

Certificat d'Études de Français Pratique (CEFP 1)
- fin du degré 1 - 125 heures de cours

▼

Certificat d'Études de Français Pratique (CEFP 2)
-fin du degré 2 - 250 heures de cours

▼

Diplôme de Langue Française**(DL)
- fin du degré 3 - 375 heures de cours

Le Diplôme de Langue tient lieu de test d'accès au DELF 2

▼

Diplôme Supérieur d'Études Françaises Modernes**(DS)
- fin du degré 4 - 500 heures de cours

▼

Diplôme de Hautes Études Françaises**(DHEF)
- fin du degré 5 - 625 heures de cours

**diplômes visés par le ministère de l'Éducation nationale.

▼

Cet ouvrage s'adresse aux étudiants qui préparent l'examen du Certificat d'Études de Français Pratique 1 (CEFP 1). Son but est de familiariser les candidats avec les différentes épreuves du CEFP 1.

Qu'est-ce que le CEFP 1 ?

Le **Certificat d'Études de Français Pratique 1 (CEFP 1)** correspond à un volume de 125 heures de cours : il évalue la capacité du candidat à utiliser la langue pour obtenir ou donner des éléments essentiels d'information.

Cette certification s'appuie sur les recommandations du **Conseil de l'Europe** et atteste les compétences linguistiques qui s'inscrivent dans le Cadre de Référence de **ALTE** (**Association des Centres d'Évaluation en Langues en Europe**) / **Conseil de l'Europe** pour le niveau A2 : «utilisateur élémentaire de niveau survie».

Niveau du certificat selon le Cadre de Référence ALTE / Conseil de l'Europe

CONSEIL DE L'EUROPE / ALTE	A1 Découverte Utilisateur élémentaire	A2 Survie Utilisateur élémentaire	B1 Seuil Utilisateur indépendant	B2 Autonomie Utilisateur indépendant	C1 Efficacité Utilisateur expérimenté	C2 Maîtrise Utilisateur expérimenté
CERTIFICATS ET DIPLÔMES ALLIANCE FRANÇAISE		CEFP I	CEFP II	Diplôme de Langue	Diplôme Supérieur	Diplôme de Hautes Études Françaises

Pourquoi passer le CEFP 1 ?

Pour valider ses compétences en langue française : ce certificat évalue et valide les acquis linguistiques et les compétences du candidat au niveau 1 : compétence productive (production orale, production écrite, compétence structurale) et compétence réceptive (compréhension orale, compréhension écrite).

Pour obtenir un certificat reconnu à l'étranger, grâce au réseau des Alliances françaises présentes dans 111 pays, et particulièrement reconnu en Europe, grâce à ALTE.

Pour se situer sur l'échelle des compétences reconnue par ALTE et le Conseil de l'Europe. L'un des principaux objectifs de ALTE est d'indiquer les compétences auxquelles correspondent les diplômes. Passer un examen de l'Alliance française / ALTE permet d'obtenir un diplôme reconnu pour sa rigueur dans toute l'Europe. Le cadre de référence permet d'établir des degrés d'équivalence entre les certifications européennes.

Quelles sont les épreuves du CEFP 1 ?

Description des épreuves et conseils pratiques

Le **CEFP 1** se compose de **4 épreuves collectives** et **d'1 épreuve individuelle.**
Durée totale des épreuves collectives : 1 heure 35 minutes

Épreuve 1
COMPRÉHENSION ÉCRITE

Type d'épreuve : questionnaire de type QCM à 3 options sur feuille préparée (documents authentiques).
Objectif : être capable de lire des textes authentiques courts et simples afin d'en tirer une information factuelle (auteur, destinataire et fonction du / des document(s)).
Durée : 30 minutes **Points / Coefficient :** 20 points – coeff. 1

Conseils pratiques :

Compréhension écrite 1

- Lisez attentivement chaque texte.
- Posez-vous les questions suivantes :
    - Quel est le type du document proposé ?
    - À qui s'adresse-t-il ?
- Lisez les questions et les réponses suggérées.
- Repérez dans le texte les passages correspondants.
- Répondez en cochant les cases.

Compréhension écrite 2

- Lisez les petites annonces (colonne A) et les rubriques (colonne B) avec attention.
- Déterminez le thème général de chaque annonce.
- Faites correspondre la petite annonce et la rubrique en sachant qu'une seule réponse est possible.

Épreuve 2
PRODUCTION ÉCRITE

Type d'épreuve : rédaction d'une lettre (d'environ 100 mots).
Objectif : être capable de donner des renseignements, des nouvelles, de raconter un événement en se situant dans l'espace et le temps (passé / présent / futur), de décrire une situation, de proposer, d'accepter ou de refuser une invitation.
Durée : 30 minutes **Points / Coefficient :** 10 points – coeff.1

Conseils pratiques :
- Lisez plusieurs fois le sujet pour bien déterminer ce qui est demandé.
- Privilégiez les phrases courtes.
- Relisez votre texte au moins deux fois pour vérifier les accords, l'orthographe et la ponctuation.

Attention : le nombre de mot est indiqué. Pour avoir une idée de la longueur de votre production, comptez le nombre de mots que vous écrivez sur une ligne, puis multipliez-le par le nombre de lignes.

Barème de correction : les critères de correction sont le respect des règles de l'écrit (ponctuation, majuscules, paragraphes, rituel de la lettre), l'adéquation au sujet et la lisibilité (cohérence au niveau du texte et de la phrase : syntaxe et articulateurs).

Épreuve 3
COMPÉTENCE STRUCTURALE

Type d'épreuve : test de connaissances grammaticales essentielles à la communication courante s'appuyant sur des tâches authentiques.

Objectif : être capable d'utiliser les connaissances linguistiques (grammaticales et lexicales) essentielles à la communication courante.

Durée : 20 minutes **Points / Coefficient :** 10 points – coeff.1

Conseils pratiques :

- Lisez les textes et essayez d'en comprendre le sens général.
- Reprenez chaque phrase et choisissez parmi les trois possibilités le terme qui convient le mieux pour relier les groupes verbaux et / ou nominaux.
- Vérifiez la cohérence de chaque texte.

Épreuve 4
COMPRÉHENSION ORALE

Type d'épreuve : exercice de discrimination phonétique portant sur des documents simulant l'authenticité (brèves conversations dans des situations courantes) et questionnaire de type QCM à 3 options sur feuille préparée.

Objectif : être capable de comprendre une information simple mais précise de la vie courante : annonces dans des lieux publics, informations routières ou météorologiques, messages téléphoniques, dialogues sur des sujets d'intérêt général.

Durée : 15 minutes **Points / Coefficient :** 30 points – coeff.1

Épreuve individuelle
Épreuve 5
PRODUCTION ORALE

Objectif : être capable de participer à une conversation sur soi-même et de répondre à des questions portant sur des photos ou des dessins.

Type d'épreuve : conversation d'ordre général et réaction à une photographie, à une image...

Durée : 20 minutes (préparation : 10 minutes ; passation : 5 à 10 minutes)

Points: 20 points – coeff. 1

Total des points sur 90.
Admissibilité définitive 45 points sur 90.
Pas de mention, le candidat est admis ou refusé.

Conseils pour le jour de l'examen :

- Arrivez à l'heure en ayant vérifié le lieu de l'examen (bâtiment, étage, numéro de salle).
- Emportez des stylos et une montre ou un réveil.
- Soyez attentif aux instructions du professeur-surveillant.
- Écrivez très lisiblement et toujours au stylo.
- Organisez bien le temps dont vous disposez et réservez plusieurs minutes avant la fin de l'épreuve pour relire et vérifier vos réponses.
- Utilisez exclusivement le papier fourni.
- Ne quittez pas la salle sans avoir remis votre copie au surveillant.

COMPRÉHENSION ÉCRITE - Durée : 30 minutes
1ʳᵉ PARTIE

Lisez attentivement ces textes et cochez la case correspondant à votre réponse.

Texte 1

Filippo, un gentil dauphin, a sauvé un garçon de 14 ans de la noyade dans la mer Adriatique. Le mammifère marin a poussé l'enfant vers la surface et l'a aidé à atteindre un bateau qui se trouvait dans les environs. Le garçon qui ne sait pas nager, a expliqué : " Je suis tombé d'un voilier avec mon père, en mer ".

1. Ce document est
- un résumé de roman. ☐
- une étude sur les dauphins. ☐
- un article de journal. ☑

2. Quel titre convient le mieux à ce document ?
- Bilan de la tempête : deux personnes noyées. ☐
- Un sauvetage extraordinaire. ☑
- Les dauphins de l'Adriatique. ☐

3. Que dit-on de Filippo ?
- Il a eu une attittude étonnante. ☑
- Il a sauvé un bateau. ☐
- Il a fait tomber un enfant. ☐

Note : /3

Texte 2

Je tiens à vous raconter un incident. Comme je voulais utiliser vos " pop-corn " avec mon four à micro-ondes, j'ai eu la désagréable surprise de voir le paquet prendre feu. Heureusement, sans conséquence grave pour ma cuisine. Je tiens à vous le signaler pour éviter que cela n'arrive à d'autres personnes.

1. Cette lettre est envoyée
- à un magasin de cuisine. ☐
- à un service consommateur. ☑
- au courrier des lecteurs. ☐

2. L'auteur s'adresse
- à un(e) cuisinier (cuisinière). ☐
- à un(e) responsable de produits alimentaires. ☑
- à un journaliste. ☐

3. Que dit-il ?
- Son four à micro-ondes ne fonctionne pas. ☐
- Les " pop-corn " sont délicieux. ☐
- Il a échappé à un incendie. ☐ ?

Note : /3

Texte 3

Depuis le 17 avril, les voituriers prennent en charge les voitures des particuliers pour les garer. D'ici la fin de l'année, 30 kiosques-relais seront progressivement installés. De là, les véhicules pris en charge sont exclusivement garés dans les parkings publics souterrains, ce qui offre un double avantage : du temps gagné pour l'automobiliste et moins de voitures dans les rues.

1. Qu'est-ce qu'un voiturier ?
- Un vendeur de voitures. ☐
- Un employé de parking. ☐
- Un automobiliste accidenté. ☐

2. Cet article parle de la création
- de nouvelles voies de circulation en ville. ☐
- de nouveaux parkings souterrains. ☐
- d'un nouveau service pour les conducteurs. ☐

3. Il s'adresse
- aux voituriers. ☐
- aux automobilistes. ☐
- aux agents de police. ☐

4. Les 30 kiosques-relais
- ont ouvert le 17 avril. ☐
- seront en fonctionnement dans les mois à venir. ☐
- vont fermer progressivement à partir du 17 avril. ☐

◀ *Note :* /4

2ᵉ PARTIE

Voici le sommaire d'un magazine.

*À quelle rubrique de la colonne B appartiennent les petites annonces de la colonne A ?
Notez la lettre correspondant à votre réponse dans la grille en fin d'exercice.*

A

1. Quatre idées pour mieux éclairer vos tableaux.

2. Que faire si vous êtes victime d'un vol dans un hôtel ?

3. Enfin une table pratique et bon marché!

4. Notre bébé a été sauvé par la chirurgie.

B

a. Horoscope

b. Cuisine

c. Vos droits

d. Tourisme

5. Le signe du mois : la balance.

6. Promenades écossaises entre châteaux et auberges.

7. Plus question de tout assumer seule dans la maison!

8. Menu facile avec dessert aux mûres et framboises.

9. Si vous voulez échanger des services avec des lecteurs, donner des conseils, demander de l'aide, n'hésitez pas à nous écrire.

10. Jupes en mousseline ou en satin, pour être belle cet hiver.

11. La dépression chez nos compagnons à quatre pattes.

e. Courrier des lecteurs

f. Idées d'achat

g. Bricolage

h. Mode

i. Société

j. Médecine

k. Animaux

Réponse :

1	2	3	4	5	6	7	8	9	10	11
g										

◄ *Note : /10*

PRODUCTION ÉCRITE – Durée 30 minutes

Lisez attentivement les consignes et écrivez un texte de 80 à 100 mots. Vous indiquerez le nombre de mots. Attention! un texte trop court vous fera perdre des points.

Cher (chère) Claude,
Sophie et moi avons décidé de fêter notre réussite et la fin de l'année scolaire samedi prochain avant de partir en vacances. Nous avons invité tous nos amis et nous comptons sur ta présence.
À samedi, bisous.

Marc

Vous venez de recevoir cette invitation. Malheureusement samedi vous serez très loin de chez vos amis. Vous leur écrivez une lettre pour vous excuser, expliquer les raisons de votre absence (où vous êtes, ce que vous faites et pourquoi) et les inviter à venir vous voir. ◄ *Note : /10*

COMPÉTENCE STRUCTURALE – Durée 20 minutes

Dans ces textes, entourez à chaque fois le mot qui vous semble convenir.

Exemple : *Julien regarde* (| par | / *pour* / *dans*) *la fenêtre.*

Texte 1

(**Il y a / Depuis / Dès**) trente ans, notre magazine fait découvrir à des millions (**des / les / de**) lecteurs (**toute / complète / entière**) l'actualité de notre Terre et des êtres vivants (**que / quels / qui**) l'habitent. Pour (**le / son / chaque**) numéro, nos équipes les (**très / plus / trop**) talentueuses ont (**construit / mis / pris**) 150 photos en couleurs. Elles (**se / leur / vous**) présentent le fascinant spectacle de la vie (**comme / ainsi / aussi**) vous ne (**lui / vous / l'**) avez encore jamais vu. Peu à peu, notre magazine vous (**permettez / permet / permis**) de constituer une véritable encyclopédie qui vous ouvre de (**nouveaux / bleus / intéressants**) horizons dans la compréhension du monde où nous (**vivons / vécu / vivre**).

Note : /6,5

Texte 2

Recette facile
Faites (**prendre / chauffer / rôtir**) 50 cl d'huile à feu doux. (**Coupés / Couperez / Coupez**) les artichauts en deux et passez- (**eux / les / leurs**) dans la farine avant de les (**faites / fait / faire**) cuire 1 min (**dans / en / par**) l'huile. Égouttez sur du papier. Posez sur une assiette, couvrez avec (**de / du / de la**) fromage râpé, arrosez de citron, sel et poivre. Servez (**tôt / rapide / chaud**).

Note : /3,5

COMPRÉHENSION ORALE – Durée 20 minutes

Exercice 1 : **Phonétique** (1/2 point par bonne réponse)

Vous allez entendre dix phrases.

La phrase écrite correspond à la phrase entendue : cochez oui.

La phrase écrite ne correspond pas à la phrase entendue : cochez non.

Chaque phrase n'est prononcée qu'une seule fois. Il y a environ trois secondes entre chaque phrase.

	Oui	Non
1. Le sien est bien.	❏	❏
2. Es-tu sûr de ta basse ?	❏	❏
3. Donne-lui un bain.	❏	❏
4. Elle le loue.	❏	❏
5. Attention à la marge!	❏	❏
6. Tu ris trop.	❏	❏
7. Nous les avons vus.	❏	❏
8. Quel ton!	❏	❏
9. Le vent est tombé.	❏	❏
10. Cette roue est pratique.	❏	❏

◀ *Note :* /5

....

Exercice 2 : Questions sur les extraits

▸ *Il y a six extraits sonores dans cette épreuve.*

▸ *Avant chaque extrait, vous aurez quelques secondes pour lire la ou les question(s) correspondante(s).*

▸ *Vous entendrez chaque extrait deux fois.*

▸ *Puis, vous aurez quelques secondes pour cocher la case correspondant à votre réponse.*

▸ *À la fin, vous aurez deux minutes pour vérifier vos réponses.*

Extrait n° 1

1. Dans le métro, on annonce
  - des retards.   ❏
  - un arrêt du trafic.   ❏
  - des manifestations.   ❏

2. Pourquoi ? À cause
  - d'une grève.   ❏
  - d'un accident.   ❏
  - d'un incident technique.   ❏

3. De quelle ligne parle-t-on ?

  - La ligne n° ....

4. Que doivent faire les voyageurs ?
  - Attendre.   ❏
  - Changer de ligne.   ❏
  - Sortir rapidement.   ❏

◀ *Note :* /4

Extrait n° 2

1. C'est le répondeur
- d'un coiffeur. ❒
- d'un médecin. ❒
- d'un avocat. ❒

2. À quelle heure faut-il téléphoner pour prendre rendez-vous ? *(2 points)*

- Entre .... et ....

Note : /3

Extrait n° 3

1. Quels articles sont en promotion dans ce magasin ? *(cochez trois réponses)*

- Des fromages. ❒
- Des fleurs. ❒
- Des chemises. ❒
- Des romans. ❒
- Des disques. ❒
- Des cafetières. ❒
- Des nappes. ❒
- De la viande. ❒
- Des savons. ❒

2. En plus des remises, qu'annonce-t-on ?
- La présence d'un chanteur. ❒
- Une exposition de photos sur la montagne. ❒
- La possibilité de jouer à une loterie. ❒

Note : /4

Extrait n° 4

1. Qu'annonce-t-on à neuf heures moins le quart ?
- Un reportage sur un réalisateur. ❒
- Un film policier. ❒
- Un documentaire sur la vie d'acteur. ❒

2. Ce programme
- n'a aucun intérêt. ❒
- est formidable. ❒
- est déconseillé aux enfants. ❒

3. À 11 heures du soir on pourra voir
- une émission culturelle. ❒
- un débat politique. ❒
- un journal sportif. ❒

4. À quelle heure passe la dernière émission ?

- À ....

5. Cette émission est
- quotidienne. ❒
- hebdomadaire. ❒
- mensuelle. ❒

6. Il s'agit
- d'un documentaire touristique. ❒
- d'une émission sportive. ❒
- d'un jeu à la montagne. ❒

Note : /6

Extrait n° 5

1. Cette annonce s'adresse
   - à tous les voyageurs de l'aéroport. ❐
   - aux passagers d'un seul vol. ❐
   - à tous les passagers des vols pour Athènes. ❐

2. Pourquoi les appelle-t-on ?
   - Parce que les vols sont retardés. ❐
   - Parce qu'ils doivent se présenter ❐
     à l'enregistrement.
   - Parce qu'on leur a donné une ❐
     mauvaise information.

◀ *Note : /2*

Extrait n° 6

1. Qui est Monsieur Salliou ?
   - Un chirurgien. ❐
   - Un malade. ❐
   - Un infirmier. ❐

2. La femme téléphone pour
   - avancer un rendez-vous. ❐
   - reporter un rendez-vous. ❐
   - confirmer un rendez-vous. ❐

3. Finalement, quand aura lieu le rendez-vous ? *(4 points)*
   .... *(jour)* .... *(date)* .... *(mois)* à .... *(heure)*

◀ *Note : /6*

COMPRÉHENSION ÉCRITE - Durée : 30 minutes
1ʳᵉ PARTIE

Lisez attentivement ces textes et cochez la case correspondant à votre réponse.

Texte 1

"Un mois de gymnastique : un an de douleur !" disait un humoriste. Si vous hésitez à faire seul vos exercices de peur de vous faire plus de mal que de bien, cet ouvrage vous est destiné. En neuf chapitres consacrés aux différentes parties du corps, il propose des séries de mouvements absolument sans danger.

1. Cet article donne des informations sur
- un club de sport. ☐
- un livre de conseils. ☐
- un institut de beauté. ☐

2. Il s'adresse
- seulement aux sportifs professionnels. ☐
- plutôt à des esthéticiennes. ☐
- à tout le monde. ☐

3. On parle d'une méthode qui
- est parfois douloureuse. ☐
- ne comporte aucun risque. ☐
- est assez fatigante. ☐

◄ Note : /3

Texte 2

Le chantier des bricoleurs. Grâce à ce logiciel, vos jeunes enfants peuvent faire du dessin, des jeux de mémoire et d'association. Ils apprennent aussi à ranger maison et jardin. S'ils savent lire, ils découvrent l'usage des outils.

1. *Le chantier des bricoleurs* est
- un livre. ☐
- un cédérom. ☐
- un jeu collectif. ☐

2. Il permet d'apprendre à
- être organisé. ☐
- lire. ☐
- vivre en groupe. ☐

◄ Note : /2

Texte 3

Pour aider les jeunes à mieux connaître leurs droits et favoriser leur participation à la vie sociale et politique, le ministère de la Jeunesse et des Sports vient de lancer un guide gratuit destiné aux 13-28 ans. Disponible dans les 1500 points Informations Jeunesse, ce trimestriel aborde différents problèmes.

1. Ce guide est publié par
   - une association de jeunes. ❐
   - le gouvernement. ❐
   - un éditeur privé. ❐

2. Il parle
   - des sports pour les jeunes. ❐
   - d'activités culturelles. ❐
   - des jeunes dans la société. ❐

3. Il paraît
   - tous les trois ans. ❐
   - tous les trois mois. ❐
   - toutes les trois semaines. ❐

◄ Note : /3

Texte 4

Au parc de Thoiry, ce ne sont pas les lions qui sont en cage mais les visiteurs. Enfermés dans un tunnel de verre, ils peuvent traverser le territoire des lions et se promener parmi les animaux. Et les bêtes sauvages sautent au-dessus d'eux pour attraper la viande lancée par les employés du parc lors du " goûter des lions ", une animation spectaculaire...

1. À Thoiry, il y a
   - une réserve animalière. ❐
   - un parc d'attraction. ❐
   - une exposition sur les lions. ❐

2. Les visiteurs peuvent
   - assister au repas des animaux. ❐
   - se promener librement. ❐
   - participer à des jeux. ❐

◄ Note : /2

2ᵉ PARTIE

Voici le sommaire d'un magazine.

À quelle rubrique de la colonne B appartiennent les petites annonces de la colonne A ?
Notez la lettre correspondant à votre réponse dans la grille en fin d'exercice.

A

B

1. 1 h 30 de Paris, villa 4 / 6 personnes, au bord d'un lac, calme assuré.

a. Leçons

2. Paie comptant véhicule à partir de 1993. Faire offre.

b. Collections

18

3. Paris Mouffetard au cœur du quartier latin, particulier vend studio. Vue dégagée, tout confort.

4. École privée assure soutien hebdomadaire. Toutes matières, tous niveaux.

5. Femme 40 ans, sérieuse, habitant Paris 12ᵉ, recherche 4/5 h de ménage, repassage, par semaine.

6. Mamans en difficulté financière, notre association vous propose des familles pour accueillir vos petits après l'école.

7. Achète armes anciennes, médailles et décorations.

8. Canapé 2 places à prix très intéressant.

9. Bébés Labradors, à réserver. Chiots vaccinés, tatoués.

10. Promotion sur charters et vols réguliers, sur toutes les destinations.

11. Vendeurs / vendeuses. Salaire motivant. Bonne ambiance.

---

c. Ameublement

d. Offres d'emploi

e. Animaux

f. Voyages

g. Vacances

h. Demandes d'emploi

i. Automobile

j. Garde d'enfants

k. Immobilier / vente

Réponse :

1	2	3	4	5	6	7	8	9	10	11
g										

Note : /10

PRODUCTION ÉCRITE – Durée 30 minutes

Lisez attentivement les consignes et écrivez un texte de 80 à 100 mots. Vous indiquerez le nombre de mots. Attention! un texte trop court vous fera perdre des points.

Chère (cher) Dominique,

Le 17, c'est le 1ᵉʳ jour des vacances! Peux-tu venir avec ton vélo ? Nous ferons une grande promenade dans la campagne. Réponds-moi vite!
À bientôt.

Claude

Enthousiaste, vous répondez à Claude pour accepter l'invitation et la remercier. Vous lui posez aussi quatre questions sur l'organisation de la journée.

Note : /10

19

COMPÉTENCE STRUCTURALE – Durée 20 minutes

Dans ces textes, entourez à chaque fois le mot qui vous semble convenir.

Exemple : *Julien regarde* (par / *pour* / *dans*) *la fenêtre.*

Texte 1

Gâteau de riz (au / en / du) caramel.
Dans (sa / une / cette) poêle, et (pour / sans / par) ajouter de beurre, faites griller des noisettes. Dans un moule, faites chauffer les (parties / morceaux / éléments) de sucre avec deux cuillers (à / de / de la) soupe d'eau, pour obtenir un caramel brun doré.
Faites cuire le riz (dans / – / depuis) 25 minutes. (Ajouterez / Ajoutée / Ajoutez) au riz la crème fraîche et les jaunes d'œufs, puis (beurrez / battez / lavez) les blancs d'œufs en neige. Versez la préparation dans le moule. Au (dernier / petit / premier) moment, ajoutez les noisettes et servez frais.

Note : /4,5

Texte 2

Chez Linvosges, l'amour (de la / de / du) beau linge est une vocation artisanale. Il (est / a / fait) rare de voir sur catalogue une (aussi / autant / également) belle vitrine de produits textiles (pour / en / à) la maison. Pour (lui / vous / le) procurer le catalogue, (composez / décrochez / téléphonez) le 03 29 60 11 11.

Note : /3

Texte 3

Selon une étude (publier / publié / publiée) par le ministère de la Culture dans les années 90, les Français (ont consacré / consacrent / vont consacrer) 1020 euros par famille et par an à (leur / leurs / ses) dépenses culturelles. (Ces / Des / Ses) dépenses concernent (mais / surtout / alors) l'image, les sorties et le multimédia.

Note : /2,5

COMPRÉHENSION ORALE – Durée 20 minutes

Exercice 1 : **Phonétique** (1/2 point par bonne réponse)

Vous allez entendre dix phrases.

La phrase écrite correspond à la phrase entendue : cochez oui.

La phrase écrite ne correspond pas à la phrase entendue : cochez non.

Chaque phrase n'est prononcée qu'une seule fois. Il y a environ trois seconde entre chaque phrase.

	Oui	Non
1. Un beau banc.	☐	☐
2. Ce chant coule.	☐	☐
3. C'est une incroyable ruse.	☐	☐
4. Je mangeais bien.	☐	☐
5. L'énorme verrue.	☐	☐
6. Est-ce le Var ?	☐	☐
7. J'admire ta selle.	☐	☐
8. J'aime ce gâteau.	☐	☐
9. Il est 2 heures.	☐	☐
10. Ils vont.	☐	☐

Note : /5

··

Exercice 2 : Questions sur les extraits

Il y a sept extraits sonores dans cette épreuve.
Avant chaque extrait, vous aurez quelques secondes pour lire la ou les question(s) correspondante(s).
Vous entendrez chaque extrait deux fois.
Puis, vous aurez quelques secondes pour cocher la case correspondant à votre réponse.
À la fin, vous aurez deux minutes pour vérifier vos réponses.

Extrait n° 1

1. Urban est
- un magazine. ☐
- une association. ☐
- une émission de télévision. ☐

2. On peut y trouver
- une sélection des magasins de mode. ☐
- des renseignements sur un jeu. ☐
- des informations sur le métro. ☐

Note : /2

Extrait n° 2

1. Le programme transilien travaille sur
   - les transports publics. ☐
   - les centres commerciaux. ☐
   - les salles de spectacle. ☐

2. Son objectif est
   - une plus grande rapidité. ☐
   - une meilleure sécurité. ☐
   - des prix plus intéressants. ☐

Note : /2

....

Extrait n° 3

1. Ce magasin propose
   - des pantalons. ☐
   - des bottes. ☐
   - des manteaux. ☐

2. Le n° de téléphone est : 01 ....
   (2 points)

Note : /3

....

Extrait n° 4

1. Aujourd'hui, il y aura
   - de la pluie. ☐
   - des nuages. ☐
   - du soleil. ☐

2. Demain,
   - le temps se rafraîchira. ☐
   - le soleil brillera. ☐
   - il y aura de la pluie. ☐

Note : /2

....

Extrait n° 5

1. Cet homme téléphone
   - à un médecin généraliste. ☐
   - à un dentiste. ☐
   - à un infirmier. ☐

2. Il veut
   - prendre un rendez-vous. ☐
   - annuler un rendez-vous. ☐
   - reporter un rendez-vous. ☐

3. Samedi, il
   - travaille. ☐
   - voyage. ☐
   - reçoit des amis. ☐

4. Finalement, l'heure du rendez-vous est
   - midi. ☐
   - 10 heures du matin. ☐
   - 2 heures de l'après-midi. ☐

5. Quel est le nom de la personne ? ....
   (2 points)

Note : /6

Extrait n° 6

1. Cette annonce parle du mois de ....

2. On vous informe
   - sur les bus et le métro. ☐
   - sur les animations de la ville. ☐
   - sur le rôle de la police. ☐

3. Où ?
   - Au téléphone. ☐
   - Dans les mairies. ☐
   - Dans les gares. ☐

◀ *Note :*   /3

Extrait n° 7

1. La personne téléphone
   - à un théâtre. ☐
   - à un cirque. ☐
   - à un cinéma. ☐

2. Elle parle
   - d'un concert. ☐
   - d'un film. ☐
   - d'une pièce de théâtre. ☐

3. Cela aura lieu   *(2 points)*
   - le .... (*date*) .... (*mois*)

4. À quelle heure ?   – À ....

5. Elle prend des places à
   - 35 euros. ☐
   - 25 euros. ☐
   - 5 euros. ☐

6. Elle devra régler les places
   - immédiatement. ☐
   - le jour du spectacle. ☐
   - un mois avant. ☐

◀ *Note :*   /7

Sujet 3

COMPRÉHENSION ÉCRITE - Durée : 30 minutes
1re PARTIE

Lisez attentivement ces textes et cochez la case correspondant à votre réponse.

Texte 1

À la une!

PlayBac Presse lance une offre de découverte " spéciale rentrée scolaire ", à destination des jeunes lecteurs. Chaque enfant ou adolescent peut recevoir gratuitement, pendant cinq jours, sur demande, un quotidien adapté à son âge et ses goûts : *L'Actu* (14-17 ans), *Mon Quotidien* (10-14 ans), *Le Petit Quotidien* (7-10 ans). Une présentation de l'actualité française ou internationale, ludique et pédagogique. Une foule d'informations pour s'enrichir!

1. Les produits de PlayBac Presse sont adaptés
  - aux programmes de la rentrée. ❐
  - aux besoins des professeurs. ❐
  - aux goûts des jeunes. ❐

2. Que propose-t-on ?
  - Des livres de classe. ❐
  - Des jeux éducatifs. ❐
  - Des journaux. ❐

3. Cette offre dure
  - toute l'année scolaire. ❐
  - plusieurs mois. ❐
  - quelques jours. ❐

Note : /3

Texte 2

L'association auto-moto tout-terrain organise, le 9 septembre, au centre de culture et de loisirs, un buffet froid suivi d'une soirée dansante à 20 heures animée par le grand orchestre. La soirée se poursuivra par un magnifique feu d'artifice à 22 heures. Entrée : 15 euros. Renseignements au 03 44 86 89 97.

1. Qu'annonce-t-on ?
  - Une manifestation sportive. ❐
  - Une soirée culturelle. ❐
  - Une fête payante. ❐

2. Pendant cet événement on pourra *(cochez quatre réponses)*
  - écouter de la musique. ❐
  - faire de la moto. ❐
  - voir des films. ❐
  - assister à un spectacle. ❐
  - rencontrer des acteurs. ❐
  - dîner. ❐
  - acheter des livres. ❐
  - participer à un bal. ❐
  - jouer. ❐

Note : /5

Texte 3

Un couple de touristes français a disparu avec un guide brésilien dimanche dernier en Amazonie. Pendant une excursion ils ont été surpris par une tempête tropicale. Une équipe de pompiers s'est lancée à la recherche des disparus hier matin.

1. Cet article est extrait de la rubrique
   - Vie littéraire. ❑
   - Nouvelles sportives. ❑
   - Faits divers. ❑

2. Quel titre lui convient le mieux ?
   - Mariage en pleine tempête. ❑
   - Les secours sont leur dernier espoir... ❑
   - L'équipe française battue en Amazonie ! ❑

◀ Note : /2

Texte 4 **Concarneau**

Réputé pour la pêche au thon, ce port compte l'un des plus pittoresques marchés aux poissons de France. Les visiteurs le découvriront chaque matin, sans oublier la conserverie de sardines et le très intéressant musée de la pêche.

1. Ce document est
   - un article de guide touristique. ❑
   - une publicité pour les marchés français. ❑
   - une étude sur la pêche en France. ❑

2. Que dit-on de Concarneau ?
   - C'est un endroit célèbre pour faire de la voile. ❑
   - L'histoire de son port est présentée au musée. ❑
   - Son marché est quotidien. ❑

3. L'auteur du document
   - critique la gestion économique. ❑
   - conseille la découverte de certains lieux. ❑
   - décrit la vie des pêcheurs. ❑

◀ Note : /3

2ᵉ PARTIE

Voici le sommaire d'un magazine.

*À quelle rubrique de la colonne B appartiennent les petites annonces de la colonne A ?
Notez la lettre correspondant à votre réponse dans la grille en fin d'exercice.*

A

1. Urgent, cherche à financer voyage d'enfants aux USA, intervention chirurgicale. D'avance merci.

2. 34 ans, professeur, célibataire, j'adore la musique, la nature, les voyages. Je rêve JH sentimental, gai, dynamique...

B

a. Meubles

b. Parkings

3. Élevage de chiots, petites et grandes races, vaccinés par vétérinaire : berger allemand, bassets, caniches... prix imbattables.

c. Dons

4. Loue emplacement pour garer 2 voitures, 69 euros/mois. Téléphoner le soir après 18 heures.

d. Animaux

5. Vends poupée à l'image de votre petite fille. Ma jumelle est un cadeau exceptionnel à offrir à votre enfant pour sa fête, son anniversaire.

e. Électroménager

6. Neufs et occasions : réfrigérateur, lave-linge, télévision, cuisinière ...

f. Rencontres

7. Armoire, buffet avec 2 étagères, canapé, 685 euros. Téléphoner le soir.

g. Jouets

8. Camionnette 1995, moteur excellent état, pneus neufs. Prix à débattre.

h. Véhicule

Réponse :

1	2	3	4	5	6	7	8
c							

Note : /7

PRODUCTION ÉCRITE - Durée 30 minutes

Lisez attentivement les consignes et écrivez un texte de 80 à 100 mots. Vous indiquerez le nombre de mots. Attention! un texte trop court vous fera perdre des points.

Croisière et buffet sur l'eau.
Promenade de 1 h 45 sur la rivière.
Lieu d'embarquement : Île aux oiseaux.
Buffet à volonté :
entrées, plats chauds, desserts...
Réservation souhaitée.

Vous avez fait cette promenade. Vous écrivez une lettre à un(e) ami(e) pour lui proposer de la refaire avec vous. Vous lui racontez votre expérience (ce que vous avez vu, ce que vous avez aimé...) et vous lui donnez toutes les informations nécessaires pour le/la convaincre : les plats, les prix, les heures...

Note : /10

COMPÉTENCE STRUCTURALE – Durée 20 minutes

Dans ces textes, entourez à chaque fois le mot qui vous semble convenir.

Exemple : *Julien regarde (* | par | *| pour | dans) la fenêtre.*

Texte 1

Hôtel Le Dôme
(Son / Cet / Le) hôtel **(quel / que / qui)** a été restauré **(à / de / en)** 1997, **(le / se / y)** situe juste derrière le Palais-Royal près **(de / du / le)** centre et à proximité d'un important centre commercial. L'hôtel dispose de 120 **(salons / places / chambres)** con-for-tables et climatisées **(quelles / que / où)** nos clients **(apprécient / plaisent / tiennent)** par-ticulièrement. Les petits déjeuners sont **(menés / servis / conduits)** dans le jardin d'hiver. Un restaurant est aussi à **(cette / votre / sa)** disposition ainsi qu'une salle **(pour / à / de)** sport et **(beaucoup / très / plusieurs)** boutiques. Le parking **(coûte / vaut / est)** payant. Nous **(devons / acceptons / tenons)** les cartes de crédit internationales.

◄ Note :   /7

Texte 2

Tabac...
Pour **(supporter / aider / défendre)** les fumeurs à écraser **(son / leur / se)** dernière ciga-rette, l'OMS **(a organisé / organise / organiserai)** chaque année un concours internatio-nal : *Quit and Win*. Les participants **(lui / s' / en)** engagent, à arrêter de **(fumez / fument / fumer)** pendant quatre semaines. À la fin **(du / ce / le)** mois, le gagnant , désigné par tirage au sort, remporte 10 000 dollars.

◄ Note :   /3

COMPRÉHENSION ORALE - Durée 20 minutes

Exercice 1 :   **Phonétique** (1/2 point par bonne réponse)

◣ *Vous allez entendre dix phrases.*
◣ *La phrase écrite correspond à la phrase entendue : cochez* oui.
◣ *La phrase écrite ne correspond pas à la phrase entendue : cochez* non.
◣ *Chaque phrase n'est prononcée qu'une seule fois. Il y a environ trois secondes entre chaque phrase.*

	Oui	Non
1. Tu as vu cette bague !	❏	❏
2. J'ai aidé au magasin.	❏	❏

3. Il est resté déçu. ☐ ☐

4. C'est une bonne glace. ☐ ☐

5. Ils ont vu ta tâche. ☐ ☐

6. Tu veux travailler. ☐ ☐

7. C'est ta roue ? ☐ ☐

8. Il est trop sot. ☐ ☐

9. Tu dois fendre ce bois. ☐ ☐

10. Ils préfèrent le bon thym. ☐ ☐ ◄ Note : /5

- -

Exercice 2 : Questions sur des extraits

◣ Il y a six extraits sonores dans cette épreuve.

◣ Avant chaque extrait, vous aurez quelques secondes pour lire la ou les question(s) correspondante(s).

◣ Vous entendrez chaque extrait deux fois.

◣ Puis, vous aurez quelques secondes pour cocher la case correspondant à votre réponse.

◣ À la fin, vous aurez deux minutes pour vérifier vos réponses.

Extrait n° 1

1. Qu'annonce-t-on ?
   - Une cérémonie religieuse. ☐
   - Une manifestation culturelle. ☐
   - Une émission télévisée. ☐

2. Quand ?   (3 points)

   Le .... (date) .... (mois) à .... (heure)

◄ Note : /4

- -

Extrait n° 2

1. La météo annonce
   - un temps ensoleillé. ☐
   - du brouillard. ☐
   - de la pluie. ☐

2. Les températures seront
   - froides. ☐
   - agréables. ☐
   - très élevées. ☐

3. Le week-end, la météo sera
   - meilleure. ☐
   - plus mauvaise. ☐
   - sans amélioration. ☐

◄ Note : /3

Extrait n° 3

1. Le crime du siècle est
- un documentaire historique. ❏
- un film étranger. ❏
- une série policière. ❏

2. À quelle heure peut-on avoir des informations ?

- À ....

3. Quel est le titre de l'émission de 9 heures et demie ? *(2 pts)*

....

4. Il s'agit
- d'une retransmission musicale. ❏
- d'une émission sur le cinéma. ❏
- d'une série policière. ❏

Note :   /5

Extrait n° 4

1. Où a lieu cette foire à la brocante ?
- À Lichon. ❏   - À Bigeau. ❏   - À Dijon. ❏

2. Quels objets pourra-t-on acheter ? *(cochez trois réponses)*

- Des livres. ❏	- Des draps. ❏	- Des lampes. ❏
- Des jouets. ❏	- Des assiettes. ❏	- Des timbres. ❏
- Des disques. ❏	- Des cartes postales. ❏	- Des bagues. ❏

Note :   /4

Extrait n° 5

1. Stéphanie appelle Julien pour
- lui donner un rendez-vous. ❏
- confirmer un rendez-vous. ❏
- annuler un rendez-vous. ❏

3. Que doit faire Julien ?
- Lui téléphoner. ❏
- Aller la voir. ❏
- Attendre un nouvel appel. ❏

2. Que dit-elle de ses parents ?
- Ils travaillent dans un hôpital. ❏
- Ils ont un problème. ❏
- Ils viennent d'arriver. ❏

Note :   /3

Extrait n° 6

1. Cet homme téléphone à
  - une salle de concert. ☐
  - un cinéma. ☐
  - un théâtre. ☐

2. Pour quand veut-il des places ?
....

3. D'abord, l'employée
  - lui propose trois places. ☐
  - annonce qu'il n'y a plus de places. ☐
  - dit qu'il y a deux places pour un autre soir. ☐

4. Chaque place coûte .... euros.

5. À quelle heure l'homme doit-il se présenter ?
  À ....

6. Pourquoi ?
  - Parce que le spectacle commence à cette heure-là. ☐
  - Parce que c'est l'heure d'ouverture des guichets. ☐
  - Parce qu'il doit payer les billets. ☐

◀ Note :   /6

Sujet 4

COMPRÉHENSION ÉCRITE - Durée : 30 minutes
1ʳᵉ PARTIE

Lisez attentivement ces textes et cochez la case correspondant à votre réponse.

Texte 1

Vous voulez savoir où trouver du beau temps, savoir si la mer sera calme pour le week-end prochain et quand partir faire du ski ? Des spécialistes ont réuni dans un très bel ouvrage trente ans de connaissance du climat de 113 villes. Photos et informations vous renseigneront : *Climat de France* est en vente en librairie.

1. *Climat de France* est
- un livre. ☐
- un stage de découverte. ☐
- une émission télévisée. ☐

2. *Climat de France* informe sur
- la géographie. ☐
- la météorologie. ☐
- les curiosités touristiques. ☐

3. *Climat de France* existe depuis trente ans.
- Vrai. ☐   - Faux. ☐   - On ne sait pas. ☐

◀ Note : /3

Texte 2

Guide Adèle

Ce guide informe les étudiants sur les 200.000 logements qui leur sont réservés à Paris et en province. Ils y trouveront une liste des résidences universitaires, ville par ville, avec la description des chambres et leur prix.

1. Le guide des résidences universitaires donne des informations sur *(cochez trois bonnes réponses)*
- les tarifs. ☐
- les moyens de transport. ☐
- l'environnement. ☐
- les aides. ☐
- les surfaces. ☐
- le confort. ☐

2. Il fait la liste des résidences
- de Paris seulement. ☐
- de toute la France. ☐
- de France et de l'étranger. ☐

◀ Note : /4

33

Texte 3

Les 30 septembre et 1er octobre, au Parc Floral du bois de Vincennes, retrouvez, dans le plus grand salon animalier de France, tous les animaux domestiques que vous pouvez avoir à la maison. Il y aura de nombreuses animations pédagogiques et des jeux pour les enfants. Ils pourront se promener en poney dans le bois, écouter des contes où les animaux sont les personnages principaux. Pour tout renseignement, téléphonez au 01 49 52 14 00.

1. Le salon animalier concerne quels animaux ?

- Des chiens. ☐

- Des vaches. ☐

- Des lions. ☐

2. Le salon propose aux enfants

- d'assister à un concours de beauté. ☐

- d'adopter un animal. ☐

- de participer à des activités. ☐

3. Il faut téléphoner pour
- s'informer. ☐
- réserver un animal. ☐
- s'inscrire aux promenades. ☐

◀ Note : /3

2e PARTIE

Voici le sommaire d'un magazine.

À quelle rubrique de la colonne B appartiennent les petites annonces de la colonne A ? Notez la lettre correspondant à votre réponse dans la grille en fin d'exercice.

A

1. Vends lave-linge occasion, cause déménagement.

2. Dame, expérience, cherche à s'occuper personnes âgées, jour/nuit.

3. Recherche un véhicule récent, en bon état, 6 cv.

4. Vends timbres France, de 1940 à 1998, 60% de réduction.

5. Canapé-lit, style japonais, état neuf, 915 euros.

6. Soutien scolaire : cours particuliers à domicile, toutes matières, tous niveaux.

B

a. Automobile

b. Ameublement

c. Enseignement

d. Antiquité

e. Collection

f. Emploi : demande

34

7. Société commerciale cherche 8 jeunes vendeurs / vendeuses.

8. Garde petits chiens, week-ends, vacances.

9. Dame retraitée cherche location studio 2ᵉ arrondissement.

10. Philippe accorde et répare votre piano.

11. Achète objets anciens, bibelots décoratifs.

g. Électroménager

h. Musique

i. Animaux

j. Immobilier

k. Emploi : offre

Réponse :

1	2	3	4	5	6	7	8	9	10	11
g										

◀ *Note :   /10*

PRODUCTION ÉCRITE - Durée 30 minutes

Lisez attentivement les consignes et écrivez un texte de 80 à 100 mots. Vous indiquerez le nombre de mots. Attention! un texte trop court vous fera perdre des points.

Lundi 2 septembre

Cher (chère) Dominique,

Peux-tu me rendre un grand service ? Voilà, je suis invitée la semaine prochaine, en province, chez des amis, pour leur anniversaire de mariage. Pourrais-tu garder le chien et donner à manger aux poissons ? Sans oublier d'arroser les plantes !

Merci d'avance,

Grosses bises,
Solange

Vous ne pouvez pas rendre ce service à votre amie. Vous lui écrivez pour refuser, vous excuser et expliquer votre refus. Vous lui proposez aussi une autre solution.

◀ *Note :   /10*

COMPÉTENCE STRUCTURALE – Durée 20 minutes

Dans ces textes, entourez à chaque fois le mot qui vous semble convenir.

Exemple : *Julien regarde* (**par** */ pour / dans*) *la fenêtre.*

Texte 1

La fête des fleurs
(**À partir de / Depuis / Pendant**) mercredi, une vingtaine (**des / de / les**) fleuristes parisiens (**prendront / iront / occuperont**) la place Saint-Sulpice de 10 h (**– / à / jusque**) 18 h. Au menu de (**ce / cette / cet**) journée, plusieurs ateliers-bouquets pour les petits enfants et une rencontre (**avec / par / pour**) l'École des Fleuristes. Les (**aussi / plus / mieux**) grands, eux, pourront bénéficier de conseils et assister à des démonstrations d'art floral.

◀ *Note : /3,5*

Texte 2

Le far breton
Mélanger la farine, le sucre et les œufs un (**pour / avec / par**) un. Ajouter le sucre et le lait peu à peu. Verser cette pâte (**en / dans / dedans**) un plat (**bien / plus / mieux**) beurré et cuire à four chaud (**dans / pendant / puis**) trois quarts d'heure. On peut (**remplacé / remplace / remplacer**) les raisins par des pruneaux trempés dans (**de / un / du**) rhum. Le vrai far breton ne contient (**pas / rien / peu**) de raisins ni de pruneaux.

◀ *Note : /3,5*

Texte 3

Aide au logement étudiant
Vous êtes étudiant et vous (**occupez / occupé / occuper**) un petit appartement (**mais / ou / et**) une chambre. (**Par / Parce que / Pour**) vous aider à payer (**vos / votre / vous**) loyer, une allocation (**veut / peut / faut**) vous être accordée par la Caisse d'Allocations Familiales. (**Tous / Tout / Toutes**) les étudiants ont droit à cette allocation.

◀ *Note : /3*

COMPRÉHENSION ORALE - Durée 20 minutes

Exercice 1 : **Phonétique** (1/2 point par bonne réponse)

◢ *Vous allez entendre dix phrases.*

◢ *La phrase écrite correspond à la phrase entendue : cochez* oui.

La phrase écrite ne correspond pas à la phrase entendue : *cochez* non.

Chaque phrase n'est prononcée qu'une seule fois. Il y a trois secondes entre chaque phrase.

	Oui	Non
1. On l'a remonté en douze heures.	☐	☐
2. Voici Mme Meulant.	☐	☐
3. Je l'attends.	☐	☐
4. Apporte une pelle.	☐	☐
5. C'est une grande case.	☐	☐
6. Elle n'a pas pris de bain.	☐	☐
7. C'est un grand cri.	☐	☐
8. Il déteste ce jeune.	☐	☐
9. Je l'ai appelé.	☐	☐
10. Quel vilain temps !	☐	☐

Note : /5

Exercice 2 : Questions sur des extraits

Il y a cinq extraits sonores dans cette épreuve.

Avant chaque extrait, vous aurez quelques secondes pour lire la ou les question(s) correspondante(s).

Vous entendrez chaque extrait deux fois.

Puis, vous aurez quelques secondes pour cocher la case correspondant à votre réponse.

À la fin, vous aurez deux minutes pour vérifier vos réponses.

Extrait n° 1

1. Que célèbre-t-on ?
   - La nature. ☐
   - Le sport. ☐
   - Paris. ☐

2. Quand ?
   - En novembre. ☐
   - En septembre. ☐
   - En décembre. ☐

3. On propose
   - des cours de bricolage. ☐
   - des promenades dans les parcs. ☐
   - des conseils sur les animaux. ☐

4. Ces propositions sont payantes.
   - Vrai. ☐   - Faux. ☐

Note : /4

37

Extrait n° 2

1. On annonce une grève des
- bus. ❏
- autocars. ❏
- trains. ❏

2. Où ?
- À Paris seulement. ❏
- Dans la France entière. ❏
- Uniquement en province. ❏

3. À partir de quelle heure ?
- 18 heures. ❏
- 20 heures. ❏
- 8 heures. ❏

4. Que demandent les employés en grève ?
- Plus de personnel. ❏
- Plus d'argent. ❏
- Plus de vacances. ❏

Note : /4

Extrait n° 3

1. On annonce une promotion de
- 15%. ❏
- 30%. ❏
- 50%. ❏

2. Cette promotion
- a déjà commencé. ❏
- va commencer. ❏
- dure un quart d'heure seulement. ❏

3. Elle concerne
- des appareils ménagers. ❏
- des meubles. ❏
- du linge de maison. ❏

Note : /3

Extrait n° 4

1. La jeune fille cherche
- un logement pour étudiant. ❏
- à s'inscrire à l'Université. ❏
- un emploi d'étudiant. ❏

2. Où ?
- Dans la capitale. ❏
- En banlieue. ❏
- En province. ❏

3. Elle arrive
- trop tôt. ❏
- au bon moment. ❏
- trop tard. ❏

4. Elle suit des cours de
- médecine. ❏
- littérature. ❏
- danse moderne. ❏

5. Son numéro de téléphone est le :
(2 points)
- 01 41 12 ... ...

Note : /6

Extrait n° 5

1. Mme Oblet veut partir en
- Espagne. ☐
- Champagne. ☐
- Bretagne. ☐

2. Elle veut réserver
- une chambre pour deux. ☐
- deux chambres individuelles. ☐
- un appartement de deux pièces. ☐

3. Pour combien de temps ?
- Une semaine. ☐
- Un mois. ☐
- Un week-end. ☐

4. Elle voyage avec
- son mari. ☐
- sa fille. ☐
- une amie. ☐

5. Elle devra payer
- 17 euros. ☐
- 37 euros. ☐
- 27 euros. ☐

6. Pour ce prix, elle peut aussi
- prendre le petit déjeuner. ☐
- déjeuner à midi. ☐
- dîner. ☐

7. Le nom de l'homme est
- M. Dupuy. ☐
- M. Dubuis. ☐
- M. Ruby. ☐

8. Il refuse les animaux.
- Vrai. ☐ - Faux. ☐ - On ne sait pas. ☐

Note : /8

Sujet 5

COMPRÉHENSION ÉCRITE - Durée : 30 minutes
1ʳᵉ PARTIE

Lisez attentivement ces textes et cochez la case correspondant à votre réponse.

Texte 1

Si vous passez la plupart du temps au bureau ou dans votre voiture, profitez de toutes les occasions de marcher et ne prenez pas l'ascenseur. Vous devez pouvoir monter quatre étages sans vous fatiguer, à condition de ne pas porter d'objets lourds. Au contraire, si vous êtes mère de famille à temps complet, vous marchez toute la journée. Offrez-vous donc une petite sieste d'un quart d'heure après le déjeuner pour retrouver votre énergie et être moins nerveuse en fin de journée.

1. Cet article donne
   - les résultats d'une enquête médicale. ☐
   - des conseils pour être en meilleure forme. ☐
   - des informations scientifiques. ☐

2. Une personne qui travaille dans un bureau
   - peut prendre l'ascenseur de temps en temps. ☐
   - ne doit jamais porter de dossiers lourds. ☐
   - doit marcher le plus souvent possible. ☐

3. Une mère au foyer doit
   - faire beaucoup de marche. ☐
   - dormir un peu l'après-midi. ☐
   - se relaxer le soir. ☐

Note : /3

Texte 2

Passer une annonce, rien de plus simple!
Vous vendez votre canapé, votre voiture, votre appartement ou votre friteuse ?
Vous cherchez une cuisinière, un téléviseur ou un emploi pour les fins de semaines ?
Alors, composez le 08 02 85 04 04, c'est simple et rapide. Notre service des petites annonces par téléphone fonctionne du lundi au vendredi de 9 h à 18 h sans interruption.
Vous pouvez régler par chèque ou carte bleue sans vous déplacer.
Notez qu'il est aussi possible de renvoyer par courrier la grille qui se trouve dans les pages des annonces du journal.

1. Cet article s'adresse aux personnes qui veulent *(deux réponses)*
- passer à la télévision. ❐
- acheter des meubles. ❐
- partir en week-end. ❐
- vendre un véhicule. ❐
- trouver un numéro de téléphone. ❐
- faire développer des photos. ❐

2. Pour cela, on peut *(deux réponses)*
- aller dans une boutique. ❐
- téléphoner. ❐
- remplir un bulletin. ❐
- écrire une lettre. ❐
- envoyer une télécopie. ❐
- se connecter à Internet. ❐

3. L'article dit qu'il est possible de payer avec une carte bancaire.
- Vrai. ❐   - Faux. ❐   - On ne sait pas. ❐

Note :   /5

Texte 3

Je veux tout
De Guila Braoudé avec Elsa Zilberstein, Frédéric Diefenthal et Patrick Braoudé. Durée : 1 h 40.
Une jeune architecte très talentueuse abandonne sa vie professionnelle pour s'occuper de ses enfants et de son mari. Ses journées sont bien remplies, mais un projet de construction, très important pour elle, va être réalisé. Elle doit donc reprendre son poste. " Tout gérer, c'est possible ; il suffit de s'organiser ", se dit-elle un peu vite.
Voilà une vraie comédie moderne, pleine de charme, de rires, et de bons dialogues. Ce film est rythmé du début à la fin. Et Elsa Zilberstein trouve là son meilleur rôle depuis longtemps. Beaucoup de jeunes couples vont se reconnaître dans ce duo très amusant qu'elle forme avec Frédéric Diefenthal.

1. Il s'agit d'un film
- policier. ❐   - d'aventure. ❐   - de société. ❐

2. Quels rôles joue l'actrice principale dans ce film ? *(deux réponses)*
- Institutrice. ❐
- Inspecteur de police. ❐
- Mère de famille. ❐
- Spationaute. ❐
- Agent immobilier. ❐
- Spécialiste du bâtiment. ❐

3. Selon cet article,
- l'actrice principale joue mal. ❐
- les personnages sont trop agités. ❐
- le couple du film est très authentique. ❐

4. Finalement,
- c'est un film très réussi. ❐
- l'histoire est trop compliquée. ❐
- la réalisation est assez traditionnelle. ❐

Note :   /5

2e PARTIE

Voici le sommaire d'un magazine.

*À quelle rubrique de la colonne B appartiennent les petites annonces de la colonne A ?
Notez la lettre correspondant à votre réponse dans la grille en fin d'exercice.*

A

1. La liste des gagnants des mots croisés de l'été.

2. Les villages du sud de l'Espagne.

3. Manger mieux selon son mode de vie.

4. Attention aux dépannages à domicile.

5. Des habits faciles à faire pour les poupées.

6. Leurs amours sont sans frontières.

7. Donnez un petit coup de peinture à votre salle de bains.

8. Salade de champignons de Paris aux moules.

B

a. Santé

b. Bricolage

c. Jeux

d. Couture

e. Cuisine

f. Témoignage

g. Tourisme

h. Vie pratique

Réponse :

1	2	3	4	5	6	7	8
c							

Note : /7

PRODUCTION ÉCRITE - Durée 30 minutes

Lisez attentivement les consignes et écrivez un texte de 80 à 100 mots. Vous indiquerez le nombre de mots. Attention! un texte trop court vous fera perdre des points.

Pour les 80 ans de votre grand-mère, vous avez décidé d'organiser une grande fête. Quelques semaines avant, vous écrivez une lettre à votre cousin(e) pour lui expliquer votre projet et lui raconter ce que vous avez déjà préparé. Vous lui demandez de venir vous aider.

Note : /10

COMPÉTENCE STRUCTURALE – Durée 20 minutes

Dans ces textes, entourez à chaque fois le mot qui vous semble convenir.

Exemple : *Julien regarde* (**par** / *pour* /*dans*) *la fenêtre.*

Texte 1

Tartes au chocolat
Découpez **(par / pour / avec)** un couteau une tablette de chocolat noir. Garnissez quatre petits moules à tarte avec **(du / de la / d'une)** pâte brisée toute prête. **(Faire / Faites / Font)** chauffer dans une **(assiette / bouteille / casserole)** 20 cl de crème liquide. Versez la crème liquide **(bouilli / bouillante / bouillant)** sur le chocolat **(en / de / aux)** morceaux. Remuez **(rapide / chaud / vivement)** au fouet, puis **(ajoutez / donnez / laissez)** deux œufs entiers. Remuez de nouveau **(à / pour / d')** obtenir un mélange bien crémeux.
Remplissez les moules à tarte avec **(un / du / le)** mélange au chocolat. Laissez **(griller / rôtir / cuire)** les tartes 20 minutes au thermostat 5/6. Quand elles sont **(prêts / prêtes / près)** à déguster, laissez légèrement **(revenir / blanchir / refroidir)** et saupoudrez de sucre glace.

◀ Note : /6,5

Texte 2

Sapin de Noël
Cette année, pour Noël, refusez d'installer chez **(lui / eux / vous)** un petit sapin définitivement coupé de sa forêt natale! Nous vous **(prêtons / prêtez / avez prêté)** , contre 13 euros, un sapin bien vivant, avec **(ces / son / ses)** racines. Vous devez seulement lui **(trouvé / trouver / trouvez)** un joli pot. **(Donc / Si / Mais)** vous le rapportez entre le 2 et le 12 janvier, nous vous donnerons 13 euros en bons d'achat. Et votre sapin, nous **(le / en / vous)** replanterons. Venez vite, **(il y a / il est / c'est)** 30.000 petits sapins avec racines qui aimeraient bien passer Noël avec vous!

◀ Note : /3,5

COMPRÉHENSION ORALE - Durée 20 minutes

Exercice 1 : **Phonétique** (1/2 point par bonne réponse)

▶ *Vous allez entendre dix phrases.*
▶ *La phrase écrite correspond à la phrase entendue : cochez* oui.
▶ *La phrase écrite ne correspond pas à la phrase entendue : cochez* non.

Chaque phrase n'est prononcée qu'une seule fois. Il y a trois secondes entre chaque phrase.

	Oui	Non
1. Ivana est russe.	☐	☐
2. Ils s'arrêtent tout de suite.	☐	☐
3. Regardez la marche.	☐	☐
4. Elles sont sur le pont.	☐	☐
5. On a pris un bon vin.	☐	☐
6. Je le veux.	☐	☐
7. Donne-moi ce livre !	☐	☐
8. Prends ce riz.	☐	☐
9. Ce sont de beaux cheveux.	☐	☐
10. Ce n'est pas son gant.	☐	☐

Note : /5

Exercice 2 : Questions sur les extraits

Il y a huit extraits sonores dans cette épreuve.
Avant chaque extrait, vous aurez quelques secondes pour lire la ou les question(s) correspondante(s).
Vous entendrez chaque extrait deux fois.
Puis, vous aurez quelques secondes pour cocher la case correspondant à votre réponse.
À la fin, vous aurez deux minutes pour vérifier vos réponses.

Extrait n° 1
1. De quoi parle-t-on ?
   - D'un spectacle. ☐
   - D'une vente de vieux objets. ☐
   - D'un voyage. ☐

2. Il / Elle
   - n'aura pas lieu du tout. ☐
   - aura lieu plus tard. ☐
   - aura lieu dans une autre ville. ☐

Note : /2

Extrait n° 2

Que dit ce message ?
   - Une personne doit donner son passeport à l'accueil. ☐
   - Une personne a reçu un paquet à l'accueil. ☐
   - Le passeport d'une personne est resté à l'accueil. ☐

Note : /1

Extrait n° 3

1. Où aura lieu cette manifestation ?

- Dans un supermarché. ☐
- Sur un marché aux produits régionaux. ☐
- À la campagne, dans les champs. ☐

2. Quels produits sont concernés ? *(cochez deux réponses)*

- Fruits. ☐   - Charcuterie. ☐
- Confitures. ☐   - Légumes. ☐
- Vins. ☐

3. Combien de jours dure cette manifestation ?

.... jours

4. De quelle heure à quelle heure ?

- De .... à .... *(1/2 pt + 1/2 pt)*

Note : /5

Extrait n° 4

Que dit ce message ?

- Tous les trains sont en retard. ☐
- Les informations seront données oralement. ☐
- Il n'y a pas d'éclairage dans les trains. ☐

Note : /1

Extrait n° 5

1. Vous venez d'entendre le répondeur

- d'un avocat. ☐   - d'un médecin. ☐   - d'un astrologue. ☐

2. Pour prendre rendez-vous, vous devez appeler à partir de *(2 points)*

- .... *(jour)*   .... *(heure)*

Note : /3

Extrait n° 6

1. C'est une publicité pour

- une promenade en bateau. ☐
- un voyage. ☐
- un stage de langue. ☐

2. Où ?

- À *(ville)* ....

3. À quel prix ?

- 49 euros. ☐   - 89 euros. ☐   - 99 euros. ☐

Note : /3

Extrait n° 7

1. Cette manifestation dure

- trois jours. ☐   - une semaine. ☐   - deux semaines. ☐

2. Elle a lieu dans des restaurants
- français. ❐   - américains. ❐   - italiens. ❐

3. Pourquoi ?
- Pour l'ouverture d'un nouveau restaurant. ❐
- Pour faire connaître d'autres habitudes alimentaires. ❐
- Pour faire la promotion de menus classiques. ❐

4. Cette manifestation a lieu pour
- le petit déjeuner. ❐   - le déjeuner. ❐   - le dîner. ❐

5. Quels aliments pourra-t-on découvrir ? *(deux réponses)*
- Croissants. ❐   - Omelettes. ❐   - Oeufs. ❐
- Tartines. ❐   - Céréales. ❐   - Beurre de cacahuète. ❐
- Jus de fruits. ❐   - Vins. ❐   - Maïs. ❐

◀ *Note :* /6

- -

Extrait n° 8

1. Thibaud appelle Anaïs pour l'inviter
- à son anniversaire. ❐
- à fêter un diplôme. ❐
- à passer une soirée ensemble. ❐

2. Il a invité
- seulement Anaïs. ❐
- Anaïs et deux autres amis. ❐
- ses parents et ses amis. ❐

3. Anaïs
- accepte. ❐
- refuse. ❐
- reporte à un autre jour. ❐

4. Le vendredi, Anaïs
- travaille. ❐
- fait du sport. ❐
- fait ses courses. ❐

◀ *Note :* /4

COMPRÉHENSION ÉCRITE - Durée : 30 minutes
1re PARTIE

Lisez attentivement ces textes et cochez la case correspondant à votre réponse.

Texte 1

Internet en fête. Les quarante agences de France Télécom de Paris vous invitent à la fête de l'Internet les 17 et 18 mars. Renseignez-vous auprès de votre agence pour connaître le lieu – proche de votre domicile parisien – où sont organisées les animations. Au programme : une initiation à l'Internet, des conseils pour créer sa page personnelle et des informations sur le Net du futur.

1. La fête de l'Internet est organisée
- dans la capitale. ☐
- à Paris et en banlieue. ☐
- dans toutes les grandes villes. ☐

3. Pour participer, il faut
- s'informer auprès de France Télécom. ☐
- se connecter à Internet. ☐
- envoyer un bulletin d'inscription. ☐

2. À cette occasion, vous pourrez
- recevoir une formation. ☐
- consulter des petites annonces. ☐
- découvrir les nouveaux services de France Télécom. ☐

Note : /3

Texte 2

Pour limiter les difficultés financières causées par un divorce, un groupe d'avocats, la Gerica, associé à la Banque Populaire, propose depuis quelques mois à ses clients un crédit " spécial divorce ". Pour le moment uniquement à Paris, il devrait se généraliser bientôt dans toute la France.

1. La Gerica propose à ses clients une aide
- juridique. ☐
- financière. ☐
- psychologique. ☐

2. La Gerica
- est récente. ☐
- existera bientôt. ☐
- fonctionne depuis longtemps. ☐

Note : /2

Texte 3

Après un succès au théâtre, Géraldine Danon est passée au cinéma. Jusque-là, son parcours est classique. Mais l'actrice est aussi restauratrice. " Tout concilier est difficile. Mais je m'ennuie si je ne fais rien. "

1. Géraldine Danon est
   - danseuse classique. ☐
   - comédienne. ☐
   - décoratrice. ☐

2. Actuellement, elle
   - ne travaille plus. ☐
   - a plusieurs métiers. ☐
   - veut changer de profession. ☐

3. Quand elle ne travaille pas,
   - sa vie manque d'intérêt. ☐
   - elle se repose. ☐
   - elle suit une formation. ☐

◄ Note :   /3

Texte 4

Pour trouver le parfum qu'il vous faut, suivez l'avis d'un professionnel. La consultation parfum (gratuite), créée par la Maison Guerlain, permet de choisir un parfum en fonction de sa personnalité. Pour choisir les senteurs qui vous correspondent, une spécialiste vous questionne sur vos odeurs favorites, les couleurs et matières qui vous attirent.

1. L'objectif de la Maison Guerlain est de
   - faire la promotion d'un nouveau parfum. ☐
   - conseiller les clients. ☐
   - former de futurs employés. ☐

2. Un spécialiste pose des questions sur
   - les goûts. ☐
   - l'âge. ☐
   - les activités. ☐

3. Si on est intéressé, on peut aller chez le parfumeur de son choix.
   - Vrai. ☐   - Faux. ☐
   - On ne sait pas. ☐

◄ Note :   /3

2ᵉ PARTIE

Voici le sommaire d'un magazine.

À quelle rubrique de la colonne B appartiennent les petites annonces de la colonne A ? Notez la lettre correspondant à votre réponse dans la grille en fin d'exercice.

A

1. Face aux compliments, quel est notre comportement ?

2. Maison, es-tu la plus belle ? Le salon des meubles vous invite les 3 et 4 avril.

B

a. Annonce immobilière

b. Carte postale

3. Cancer. Amour : difficile de concilier vie privée et professionnelle, mais l'amour sera le plus fort.

c. Recette de cuisine

4. Un fermier a 102 œufs et en ramasse 25 autres. Combien en a-t-il ?

d. Article de magazine

5. Ce médicament ne doit pas être administré aux enfants de moins de 12 ans.

e. Publicité

6. Préparez les légumes. Placez-les dans une grande casserole. Couvrez-les d'eau froide.

f. Article de dictionnaire

7. Montmartre. Appartement de 5 pièces, ensoleillé. À vendre.

g. Horoscope

8. Du soleil, la mer, des restaurants sympathiques, nous sommes contents. Gros baisers de Bretagne.

h. Notice pharmaceutique

9. Compas : n. m. Instrument à deux branches mobiles pour tracer des cercles.

i. Règle de jeu

10. Chaque joueur ne pourra pas prendre plus de cinq cartes.

j. Exercice scolaire

Réponse :

1	2	3	4	5	6	7	8	9	10
d									

Note : /9

PRODUCTION ÉCRITE - Durée 30 minutes

Lisez attentivement les consignes et écrivez un texte de 80 à 100 mots. Vous indiquerez le nombre de mots. Attention! un texte trop court vous fera perdre des points.

Cher (chère) cousin(e),
     Je voudrais louer une grande maison de vacances en août avec toute la famille. Nous partagerons les frais. Viendras-tu ? Avec toi, nous serons trente!
     Réponds-moi vite. Je t'embrasse.

Pauline

Vous écrivez pour dire à Pauline que vous acceptez. Vous lui expliquez pourquoi vous avez toujours aimé ces réunions. Vous lui donnez des conseils et posez trois questions sur le lieu et la maison.

Note : /10

COMPÉTENCE STRUCTURALE – Durée 20 minutes

Dans ces textes, entourez à chaque fois le mot qui vous semble convenir.

Exemple : *Julien regarde (* $\boxed{\text{par}}$ */ pour / dans) la fenêtre.*

Texte 1

Le métier **(de / du / le)** professeur des écoles **(lui / vous / leur)** intéresse ? Vous voulez **(devenir / devenu / devient)** documentaliste ? Ce sont **(jamais / seulement / plus)** quelques exemples parmi les préparations **(qui / où / que)** le CNED propose.
Ces préparations sont faites **(pour / de / par)** travailler chez vous, à **(votre / leur / vos)** rythme, et elles ont un formidable avantage : elles **(peuvent / veulent / permettent)** de réunir études et activité professionnelles. Le CNED a **(autant / également / mais)** l'avantage de **(proposer / mettre / poser)** du matériel pédagogique moderne.

Note : /5

Texte 2

Courrier des lecteurs
" Je suis angoissé **(par / en / pour)** ma solitude. " Christian vit très **(mauvais / pire / mal)** sa solitude. Il voyage beaucoup, il n'a pas **(de / d' / des)** amis. Et **(quand / mais / avant)** il tombe amoureux, c'est de femmes **(que / où / qui)** ne sont pas libres. **(En / Avec / Pour)** oublier, il **(sait / c'est / s'est)** engagé dans des activités bénévoles. Il demande **(les / vos / ces)** témoignages. Vincent lui répond : Rien n'est **(pas / —– / plus)** perdu ! Vous êtes jeune et vous **(allez / irez / aller)** trouver des amis. Il y a aussi de très nombreuses femmes seules.

Note : /5

COMPRÉHENSION ORALE – Durée 20 minutes

Exercice 1 : **Phonétique** (1/2 point par bonne réponse)

Vous allez entendre dix phrases.

La phrase écrite correspond à la phrase entendue : cochez oui.

La phrase écrite ne correspond pas à la phrase entendue : cochez non.

Chaque phrase n'est prononcée qu'une seule fois. Il y a trois secondes entre chaque phrase.

	Oui	Non
1. Regarde ce chat.	❏	❏
2. Je chante.	❏	❏

3. Quelles gens sympathiques!   ❏   ❏

4. Ce lit est bon.   ❏   ❏

5. Le pont est beau.   ❏   ❏

6. Je suis sourd.   ❏   ❏

7. Quelle voix!   ❏   ❏

8. Ils ont monté.   ❏   ❏

9. Comme il est blanc.   ❏   ❏

10. J'aime ce banc.   ❏   ❏   ◀ Note :   /5

· ·

Exercice 2 : Questions sur les extraits

➤ *Il y a six extraits sonores dans cette épreuve.*

➤ *Avant chaque extrait, vous aurez quelques secondes pour lire la ou les question(s) correspondante(s).*

➤ *Vous entendrez chaque extrait deux fois.*

➤ *Puis, vous aurez quelques secondes pour cocher la case correspondant à votre réponse.*

➤ *À la fin, vous aurez deux minutes pour vérifier vos réponses.*

Extrait n° 1

1. Qui téléphone ?
- Un enseignant.   ❏
- Un parent d'élève.   ❏
- Une directrice d'école.   ❏

2. Cette personne dit
- quel jour elle est disponible.   ❏
- qu'elle rappellera.   ❏
- qu'elle veut annuler la réunion.   ❏

3. Elle est à l'école   *(2 points)*
- de .... à .... *(heures)*

4. À la réunion des parents,
- elle était absente.   ❏
- elle est arrivée en retard.   ❏
- elle est restée cinq minutes.   ❏

◀ Note :   /5

· ·

Extrait n° 2

1. On annonce
- une fête familiale.   ❏
- un événement commercial.   ❏
- une animation culturelle.   ❏

2. Quelle est la date retenue ?   *(2 points)*

- .... *(date)*.......................*(mois)*

◀ Note :   /3

Extrait n° 3

1. Ce week-end, il fera
   - chaud. ☐
   - doux. ☐
   - froid. ☐

2. En montagne,
   - il neigera. ☐
   - il pleuvra. ☐
   - il y aura du brouillard. ☐

◀ Note : /2

Extrait n° 4

1. Cette information est donnée
   - dans le métro. ☐
   - dans l'autobus. ☐
   - dans le train. ☐

2. On demande aux voyageurs
   - d'attendre. ☐
   - de partir. ☐
   - de se présenter au guichet. ☐

3. Le problème est provoqué par
   - une grève. ☐
   - des embouteillages. ☐
   - un problème mécanique. ☐

◀ Note : /3

Extrait n° 5

1. Sophie est invitée
   - pour deux jours. ☐
   - samedi ou dimanche. ☐
   - samedi après le déjeuner. ☐

2. Elle viendra
   - dès le matin. ☐
   - à 12 heures. ☐
   - à 2 heures. ☐

3. Les enfants vont
   - jouer ensemble. ☐
   - travailler. ☐
   - aller au cinéma. ☐

4. Le code est ....
(ou 0 point, ou 2 points. La réponse doit être complète)

5. Quel est l'étage ? ....

◀ Note : /6

Extrait n° 6

1. Les nouveaux services de France Télécom sont
   - offerts. ☐
   - chers. ☐
   - bon marché. ☐

2. Les abonnés pourront parler à trois.
   - Vrai. ☐   - Faux. ☐   - On ne sait pas. ☐

3. La cliente s'appelle ?   *(2 points)*

- .... *(prénom)*   .... *(nom)*

4. Elle habite à Paris, dans le
- 8ᵉ ☐   - 18ᵉ ☐   - 16ᵉ ☐

5. L'installation est prévue
- pour le jour même.   ☐
- dans une dizaine de jours. ☐
- le mois prochain.   ☐

Note :   /6

COMPRÉHENSION ÉCRITE - Durée : 30 minutes
1re PARTIE

Lisez attentivement ces textes et cochez la case correspondant à votre réponse.

Texte 1

Les agents EDF* et GDF* sont à votre service, dites-le à votre chien !
Votre compagnon à quatre pattes n'est sûrement pas méchant. Mais il peut lui arriver de prendre peur et de montrer les dents...
Ainsi, chaque année, des centaines d'agents d'EDF et de GDF sont blessés par des chiens. Pour permettre à nos agents de travailler en toute tranquillité, nous vous conseillons, pendant notre passage ou notre intervention, d'isoler votre chien dans une pièce ou de l'attacher. Évitez de le libérer trop rapidement. Sachez qu'en cas d'accident, vous êtes responsable.

Merci de votre compréhension.

* EDF = Électricité de France
* GDF = Gaz de France

1. Quel est l'auteur de ce document ?
- Une société de protection des animaux. ❑
- Une entreprise publique. ❑
- Une association de victimes d'accidents. ❑

2. Que conseille-t-on ?
- D'éviter d'emmener un animal en voiture. ❑
- De montrer régulièrement son chien à un vétérinaire. ❑
- D'enfermer son chien. ❑

Note : /2

Texte 2

La vie dans la cité est le thème du concours 2000-2001 de Collégiens-Reporters, organisé par le quotidien *La Nouvelle République du Centre-Ouest*. Ce concours s'adresse aux élèves de 11 à 15 ans. Avec son professeur, chaque classe inscrite doit écrire un article sur le thème de l'année. Les meilleurs articles seront publiés dans *La Nouvelle République*. La classe gagnante assistera au départ du Grand Prix du championnat 2001 des bateaux à voiles.

1. D'après cet article, tous les élèves de 11 à 15 ans
- sont des collégiens-reporters. ❑
- doivent écrire un article. ❑
- peuvent participer à un concours. ❑

2. Ce concours est organisé par
- un journal régional. ❑
- des professeurs. ❑
- l'École Supérieure de Journalisme. ❑

57

3. Les candidats doivent écrire un article
- sur un sujet entièrement de leur choix. ☐
- en rapport avec la ville. ☐
- sur le thème de la mer. ☐

4. Les meilleurs candidats
- participeront à un voyage en bateau. ☐
- recevront de l'argent pour étudier. ☐
- pourront lire leur article dans le journal. ☐

Note : /4

Texte 3

En octobre, un nouvel hypermarché Vertpré va ouvrir dans le centre commercial Val d'Europe. Il va recruter 400 collaborateurs.
Catherine Lavoie, directrice du personnel, nous explique : " Nous recherchons un opticien, des bouchers, des pâtissiers, des hôtesses de caisse... Être hôtesse de caisse est un métier difficile. Traditionnellement féminin, il commence à intéresser de plus en plus d'hommes. Ce sont des professionnels de l'accueil et du service. Chaque jour, ils sont en contact avec 150 à 200 personnes pour le paiement de leurs achats. Nous n'exigeons pas de diplôme pour ce poste. Nous formons tous nos nouveaux collaborateurs. Les salaires correspondent au salaire minimum obligatoire. "

---

1. Ce document est
- une petite annonce qui
  propose un emploi. ☐
- un bilan de la situation du
  commerce en France. ☐
- un entretien avec un responsable
  du personnel. ☐

2. L'hypermarché Vertpré
- veut engager quatre cents personnes. ☐
- a des difficultés à trouver des employés compétents. ☐
- a déjà contacté deux cents demandeurs d'emploi. ☐

3. Le travail de caissier/caissière
est une profession qui
- est assez facile à apprendre. ☐
- necessite une formation. ☐
- est souvent pratiquée par des hommes. ☐

4. Pour ce travail, l'hypermarché
- ne recrute que des hommes. ☐
- exige de l'expérience. ☐
- propose un salaire assez bas. ☐

Note : /4

2ᵉ PARTIE

Voici le sommaire d'un magazine.

À quelle rubrique de la colonne B appartiennent les petites annonces de la colonne A ?
Notez la lettre correspondant à votre réponse dans la grille en fin d'exercice.

A

B

1. Comment transformer une petite armoire trouvée à la brocante.

a. Animaux

2. Reportage chez un éleveur de canards.

b. Mode

3. Dis-moi comment tu dors... et je te dis quel est ton caractère !

    c. Voyages

4. Les vaccins de bébé : indispensables ou facultatifs ?

    d. Livres

5. Des écoliers en difficulté s'initient à l'informatique.

    e. Santé

6. À 90 ans, le chilien Francisco Coloane publie son autobiographie.

    f. Jardinage

7. L'huile d'olive présentée par un grand chef.

    g. Bricolage

8. Les plantes qui fleurissent jusqu'aux gelées.

    h. Psychologie

9. Mariages mixtes : le regard de la famille.

    i. Société

10. Zanzibar, Katmandou... les lieux mythiques où on rêve d'aller.

    j. Cuisine

11. Robes d'été : vive le coton et le bleu ciel !

    k. Éducation

Réponse :

1	2	3	4	5	6	7	8	9	10	11
g										

Note : /10

PRODUCTION ÉCRITE - Durée 30 minutes

Lisez attentivement les consignes et écrivez un texte de 80 à 100 mots. Vous indiquerez le nombre de mots. Attention! un texte trop court vous fera perdre des points.

Vous avez longtemps rêvé de faire un voyage. Vous êtes enfin en train de le faire. Le 4ᵉ jour, vous écrivez une petite lettre à un(e) de vos ami(e)s pour lui raconter ce que vous avez déjà fait, lui dire vos impressions et lui présenter votre programme pour les prochains jours.

Note : /10

COMPÉTENCE STRUCTURALE – Durée 20 minutes

Dans ces textes, entourez à chaque fois le mot qui vous semble convenir.

Exemple : *Julien regarde* (**par** / *pour* / *dans*) *la fenêtre.*

Texte 1

Poulet au fromage

Ingrédients **(par / avec / pour)** quatre personnes :
- 2 blancs de poulet coupés **(aux / en / à)** deux.
- 200 g **(du / de / de la)** fromage.
- 4 **(parts / côtes / tranches)** de jambon cuit.
- le zeste d'un demi citron.
- 20 g de beurre.
- sel, poivre.
(Devenir / Attendre / Faire) dorer les blancs de poulet de **(chaque / tout / un)** côté dans le beurre.
Les recouvrir avec le jambon et **(donner / ajouter / laver)** le fromage en dés.
Couvrir et faire cuire à feu doux **(pendant / depuis / il y a)** 12 minutes environ.
Ajouter le sel, le poivre, ainsi que le zeste de citron.
Servir **(chaud / rapide / bon)** avec des légumes frais.

Note : /4,5

Texte 2

Chez le médecin

Le docteur :   - Alors, qu'est-ce **(que / – / qui)** vous arrive ?

Mme Lafarge :   - Voilà, docteur, j'ai mal à la tête et **(assez de / très / un peu de)** fièvre.
J'ai aussi mal à la gorge **(depuis / pendant / il y a)** quelques jours.

Le docteur :   - Et vous toussez ?

Mme Lafarge :   - Aujourd'hui, **(je tousserai / on tousse / j'ai toussé)** un peu.

Le docteur :   - C'est une laryngite et peut-être aussi une petite grippe. Je vous fais une **(ordonnance / recette / consultation)** pour des antibiotiques à prendre trois fois **(pour / par / le)** jour, et aussi **(un pansement / une piqûre / du sirop)** contre la toux. Mais faites attention, ce traitement vous **(endormirez / endormira / a endormi)** un peu. Ne conduisez surtout pas si vous **(êtes / avez / tenez)** sommeil. **(Prendrez / Prendre / Prenez)** aussi de la vitamine C, **(pour / par / en)** exemple.

Mme Lafarge :   - Bien, merci docteur.

Note : /5,5

COMPRÉHENSION ORALE – Durée 20 minutes

Exercice 1 : **Phonétique** (1/2 point par bonne réponse)

◢ *Vous allez entendre dix phrases.*

◢ *La phrase écrite correspond à la phrase entendue : cochez oui.*

◢ *La phrase écrite ne correspond pas à la phrase entendue : cochez non.*

◢ *Chaque phrase n'est prononcée qu'une seule fois. Il y a trois secondes entre chaque phrase.*

	Oui	Non
1. Je ne le vois pas.	☐	☐
2. Oh, là, là! Mais tu t'es trempé !	☐	☐
3. Ils sont froids.	☐	☐
4. Mon ami est petit.	☐	☐
5. Écoutez bien les chants !	☐	☐
6. As-tu vu le chat ?	☐	☐
7. Il faut relever ton corps.	☐	☐
8. C'est plutôt marron.	☐	☐
9. Elle l'a lu.	☐	☐
10. Quelle belle fille !	☐	☐

◀ Note : /5

Exercice 2 : **Questions sur les extraits**

◢ *Il y a six extraits sonores dans cette épreuve.*

◢ *Avant chaque extrait, vous aurez quelques secondes pour lire la ou les question(s) correspondante(s).*

◢ *Vous entendrez chaque extrait deux fois.*

◢ *Puis, vous aurez quelques secondes pour cocher la case correspondant à votre réponse.*

◢ *À la fin, vous aurez deux minutes pour vérifier vos réponses.*

Extrait n° 1

1. Qui appelle ?
   - Une employée de banque. ☐
   - La propriétaire d'un appartement. ☐
   - La directrice d'une agence de voyages. ☐

2. Que faut-il faire ?
   - Aller la voir. ☐
   - Lui téléphoner. ☐
   - Attendre un autre appel. ☐

◀ Note : /2

Extrait n° 2

1. Météo France annonce
- du soleil. ☐
- de la pluie. ☐
- du vent. ☐

2. Le matin, les températures seront
- élevées. ☐
- basses. ☐
- très froides. ☐

Note : /2

Extrait n° 3

1. Que se passe-t-il ? Les trains
- sont irréguliers. ☐
- fonctionnent à nouveau normalement. ☐
- sont complètement arrêtés. ☐

2. Pour quelle raison ? Parce qu'il y a
- des problèmes techniques. ☐
- du personnel supplémentaire. ☐
- des arrêts de travail. ☐

Note : /2

Extrait n° 4

1. On annonce
- un spectacle. ☐
- une loterie. ☐
- des réductions de prix. ☐

2. Pendant combien de temps ?
- Trois minutes. ☐
- Un jour seulement. ☐
- Quelques jours. ☐

3. On parle de plusieurs rayons du magasin. Quels articles peut-on trouver dans ces rayons ?
(deux réponses)
- Des serviettes de table. ☐
- Des chaussettes. ☐
- Des assiettes. ☐
- Des chapeaux. ☐
- Des pulls. ☐
- Des livres. ☐

Note : /4

Extrait n° 5

1. Les réductions de tarifs à la S.N.C.F. seront valables à partir du mois de ....

2. On parle des enfants de moins de .... ans

3. Pour ces enfants, le nouveau tarif sera de
- 2,50 euros. ☐   - 3,60 euros. ☐   - 7,60 euros. ☐

4. Qui pourra aussi voyager moins cher ?
- Les jeunes. ☐   - Les retraités. ☐   - Les couples. ☐

5. Pour cela, il faudra une carte spéciale.
- Vrai. ☐   - Faux. ☐   - On ne sait pas. ☐

Note : /5

Extrait n° 6

1. L'appartement que le monsieur a vu sur l'annonce
   - est trop cher. ❏   - n'est plus disponible. ❏   - ne lui plaît pas. ❏

2. La dame de l'agence propose un autre appartement de
   - deux pièces. ❏   - trois pièces. ❏   - quatre pièces. ❏

3. Cet appartement
   - est très clair. ❏
   - doit être rénové. ❏
   - a été construit l'année dernière. ❏

4. Il est situé au .... étage.

5. Le loyer est de
   - 833 euros. ❏   - 853 euros. ❏   - 983 euros. ❏

6. Le monsieur et la dame fixent un rendez-vous pour............................. (jour) à .... (heure).
   (2 points)

7. Où ont-ils rendez-vous ?
   (2 points)
   - À la station de métro ❏   - À l'agence ❏   - À l'appartement ❏

8. Quelle est l'adresse de l'appartement ?
   (2 points)
   - n° .... rue du ....

Note :   /10

COMPRÉHENSION ÉCRITE - Durée : 30 minutes
1ʳᵉ PARTIE

Lisez attentivement ces textes et cochez la case correspondant à votre réponse.

Texte 1

Dimanche 17 septembre, à l'occasion de la journée sans voiture, la mairie de Cachan propose aux habitants de la ville de se déplacer à pied, à vélo ou en rollers le long d'un itinéraire fermé à la circulation automobile. Par conséquent, de 11 h à 18 h, la circulation sera interdite à tous les véhicules à moteur, sauf aux véhicules d'urgence et aux bus.

1. De quoi parle-t-on ?
- D'une course cycliste. ☐
- D'un parcours sportif. ☐
- D'une expérience écologique. ☐

2. Où ?
- Dans une ville. ☐
- Dans toute une région. ☐
- Dans tout le pays. ☐

3. Quels véhicules pourront circuler ? *(deux réponses)*
- Les taxis. ☐   - Les ambulances. ☐
- Les camions. ☐   - Les motos. ☐
- Les voitures de pompiers. ☐   - Les cars scolaires. ☐

◀ Note :   /4

Texte 2

Vous avez entre 13 et 25 ans, vous êtes un groupe de 4 à 7 jeunes et vous voulez organiser une sortie dans Paris pour la journée : cinéma, bowling, spectacle, événement sportif. Le service municipal de la jeunesse vous propose de vous accompagner, de vous transporter et de vous aider à payer votre sortie.

1. Le service municipal propose
- des spectacles gratuits. ☐
- des activités sportives. ☐
- une aide pour les loisirs. ☐

2. À qui ?
- Aux personnes âgées. ☐
- Aux familles défavorisées. ☐
- Aux adolescents. ☐

3. Il peut aussi
- les conduire en ville. ☐
- les inscrire dans un club sportif. ☐
- les informer sur des spectacles. ☐

◀ Note :   /3

Texte 3

La 11ᵉ semaine du goût commence. Cette année encore, 3 500 cuisiniers vont donner, dans les écoles, une leçon de cuisine aux enfants. La Cité des Sciences et de l'Industrie de la Villette à Paris se transforme en marché pour nous permettre à tous de redécouvrir les produits traditionnels. Ces " fêtes gourmandes " auront lieu dans toute la France.

1. De quoi parle-t-on ?
- De nouvelles écoles de cuisine. ☐
- D'un marché célèbre. ☐
- De l'éducation à la gastronomie. ☐

2. Cette information s'adresse seulement aux enfants.
- Vrai. ☐   - Faux. ☐   - On ne sait pas. ☐

3. Depuis quand " les fêtes gourmandes " existent-elles ?
- Depuis plus de dix ans. ☐
- C'est la première fois. ☐
- Depuis moins de onze ans. ☐

◀ *Note :   /3*

2ᵉ PARTIE

Voici le sommaire d'un magazine.

À quelle rubrique de la colonne B appartiennent les petites annonces de la colonne A ? Notez la lettre correspondant à votre réponse dans la grille en fin d'exercice.

A

1. J'arrête de fumer pour retrouver la forme.

2. Fabriquez-vous un coin bureau à petit prix.

3. Apprenez très tôt à votre petit chien que le maître, c'est vous!

4. Six idées pour choisir votre coiffure de fête.

5. Cousez vous-même la robe de vos rêves.

B

a. Société

b. Tourisme

c. Lecture

d. Bricolage

e. Santé

6. Enfin, des rosiers faciles à vivre!

f. Cuisine

7. Si vous souhaitez échanger des services entre lecteurs, n'hésitez pas à nous écrire.

g. Beauté

8. *La Terre vue du ciel* : un beau livre à offrir ou à s'offrir.

h. Mode

9. Au travail, à la maison, en famille : prenez de bonnes résolutions.

i. Jardinage

10. Réveillon à la provençale avec les recettes d'un grand cuisinier.

j. Animaux

11. Chassez la tristesse de l'hiver! Offrez-vous une semaine de vacances au soleil pour moins de 760 euros.

k. Courrier

Réponse :

1	2	3	4	5	6	7	8	9	10	11
e										

Note : /10

PRODUCTION ÉCRITE - Durée 30 minutes

Lisez attentivement les consignes et écrivez un texte de 80 à 100 mots. Vous indiquerez le nombre de mots. Attention! un texte trop court vous fera perdre des points.

Paris, le 15 juin

Cher (chère) Claude,
C'est bientôt les vacances! Je te propose de venir à Paris pour le mois de juillet. Je te ferai connaître la ville, ses musées, ses discothèques. Tu verras, c'est formidable! Réponds-moi vite,

Grosses bises,
Dominique

Vous répondez à Dominique. Vous refusez l'invitation, vous expliquez pourquoi. Vous vous excusez et vous faites d'autres propositions de vacances à votre ami(e).

Note : /10

COMPÉTENCE STRUCTURALE – Durée 20 minutes

Dans ces textes, entourez à chaque fois le mot qui vous semble convenir.

Exemple : *Julien regarde (* | par | *) / pour / dans) la fenêtre.*

Texte 1

Chaque matin, Marie **(se / – / lui)** lève **(par / à / en)** 6 h 45. Elle emmène les enfants à **(sa / l' / cet)** école et elle revient à la maison **(où / que / quand)** l'attendent les travaux ménagers. À midi, le **(goûter / dîner / déjeuner)** se passe en deux temps : les petits d'abord, **(depuis / ensuite / pendant)** les grands, avec qui elle mange. L'après-midi, elle dort **(pour / en / pendant)** quinze minutes et fait les **(courses / cours / courts)**. Les enfants, **(le / ce / un)** soir, se couchent à 20 heures

Note :   /4,5

Texte 2

Petit déjeuner
Si possible, il **(doit / faut / veut)** se composer de céréales, de pain, d'un laitage, **(ou / mais / ni)** d'un œuf. L'idéal : **(le / un / du)** pain avec une tranche **(du / de / de la)** jambon, un yaourt et un jus d'orange.

Note :   /2

Texte 2

Rocky, **(ce / cette / cet)** adorable chien, cherche de nouveaux maîtres **(depuis / il y a / pendant)** un an. Propre et gentil, il adore **(les / des / ses)** autres animaux **(parce que / aussi / mais)** il a peur **(des / les / aux)** enfants. Il **(l' / vous / leur)** attend **(à / pour / chez)** nous. Téléphonez au 01 45 06 82 18.

Note :   /3,5

COMPRÉHENSION ORALE - Durée 20 minutes

Exercice 1 : Phonétique (1/2 point par bonne réponse)

Vous allez entendre dix phrases.
La phrase écrite correspond à la phrase entendue : cochez oui.

La phrase écrite ne correspond pas à la phrase entendue : cochez non.

Chaque phrase n'est prononcée qu'une seule fois. Il y a trois secondes entre chaque phrase.

	Oui	Non
1. C'est de la mûre.	☐	☐
2. C'est un beau veau.	☐	☐
3. Je n'aime pas cet orage.	☐	☐
4. Elles sont douces.	☐	☐
5. Il a pris une pierre.	☐	☐
6. Elle a les cheveux blonds.	☐	☐
7. Mais, ce n'est pas frais!	☐	☐
8. Il n'y a pas de car.	☐	☐
9. L'enfant veut une bougie.	☐	☐
10. Je ne suis pas sûr.	☐	☐

◀ Note : /5

Exercice 2 : Questions sur les extraits

Il y a cinq extraits sonores dans cette épreuve.

Avant chaque extrait, vous aurez quelques secondes pour lire la ou les question(s) correspondante(s).

Vous entendrez chaque extrait deux fois.

Puis, vous aurez quelques secondes pour cocher la case correspondant à votre réponse.

À la fin, vous aurez deux minutes pour vérifier vos réponses.

Extrait n° 1

1. Quel est le numéro du TGV ?

– n° .... *(2 points)*

2. Les voyageurs peuvent
   - mettre leur voiture dans le train. ☐
   - laisser leurs bagages dans la voiture n°4. ☐
   - consommer des boissons. ☐

◀ Note : /3

Extrait n° 2

- Qu'annonce-t-on ?
  - Une courte attente. ☐   - Un long retard. ☐   - Un accident. ☐

◀ Note : /1

Extrait n° 3

1. Cette information provient
- de la sécurité maritime. ❑
- de la police routière. ❑
- des services météorologiques. ❑

2. Elle annonce
- des limitations de vitesse. ❑   - une tempête. ❑   - des pluies violentes. ❑

3. On parle de
- 120 km/h. ❑   - 180 km/h. ❑   - 80 km/h. ❑

4. On demande aux habitants
- de ne pas sortir en mer. ❑
- de rester dans leurs habitations. ❑
- de rouler plus lentement. ❑

◄ Note : /4

....

Extrait n° 4

1. Le client téléphone pour
- s'informer. ❑   - réserver un billet. ❑   - confirmer son voyage. ❑

2. Il téléphone à l'employée
- d'une agence de tourisme. ❑   - d'un aéroport. ❑   - d'une gare. ❑

3. On parle de la ville de
- Cannes. ❑   - Parme. ❑   - Aubagne. ❑

4. De quels dates et mois parle-t-on ? *(3 points)*

Le ...... et le .... (dates) .... (mois)

◄ Note : /8

5. Il doit noter le n°   GB .... *(2 points)*

....

Extrait n° 5

1. Mme Latuile veut louer
- une maison individuelle. ❑
- un parking privé. ❑
- un trois-pièces. ❑

70

2. Où ?
   - À Antony ❏   - À Nancy ❏   - À Mennecy ❏

3. Quel est le prix de la location ?
   .... euros / mois

4. La location donne sur
   - une rue. ❏   - un espace vert. ❏   - une cour. ❏

5. La surface est de .... m²

6. La location est libre le .... *(date)* .... *(mois)*   *(2 points)*

7. Le rendez-vous est le .... *(jour)* à .... *(heure)*   *(2 points)*   ◄ Note :   /9

TEXTES POUR LA COMPRÉHENSION ORALE

Déroulement de l'épreuve :
1. Distribution des questionnaires.
2. Écoute de la cassette sans interruption. Toutes les pauses sont calculées.

Exercice 1 : Phonétique

1. Le chien est bien.
2. Es-tu sûr de ta base ?
3. Donne-lui un bain.
4. Elle les loue.
5. Attention à la marge!
6. Tu lis trop.
7. Nous les avons bus.
8. Quel ton!
9. Le vin est tombé.
10. Cette roue est pratique.

Exercice 2 : Extraits

Extrait n° 1
Votre attention s'il vous plaît! En raison d'une coupure d'électricité, le service sur la ligne 4 est interrompu pour une durée indéterminée. Les voyageurs sont priés d'emprunter les correspondances. Veuillez nous excuser pour cette gêne momentanée.

Extrait n° 2
Vous êtes en communication avec le répondeur du docteur Bernadette Carcopino. Le cabinet est fermé. Pour prendre rendez-vous, le secrétariat est ouvert du lundi au vendredi de 10 h à 16 h. Merci de votre appel.

Extrait n° 3
Demain samedi, grande fête des prix dans votre magasin : des centaines de remises sur les rayons vêtements, librairie et électroménager. De plus, vous pourrez participer à notre tombola et vous serez peut-être l'heureux gagnant d'un magnifique séjour à la montagne! Venez nombreux, nous vous attendons.

Extrait n° 4
Ce soir sur France 2 :
. à 20h45 : *Cinémardi* : ce soir, *Vive la rentrée!* . Le réalisateur Bernard Lusseau nous entraîne dans le monde de la police. Les acteurs sont étonnants de vérité. À ne pas manquer!
. à 23h00 : le point sur les rencontres sportives de la soirée : les scores, les meilleurs buts...
.à 23h30 : *Montagne*, votre rendez-vous comme chaque semaine avec Pierre Leroy qui vous fera découvrir ce soir une nouvelle région : les Vosges, avec ses lacs, ses villages enneigés, ses stations de ski. À voir absolument si vous n'avez pas encore de projets pour vos vacances d'hiver.

Extrait n° 5
Votre attention s'il vous plaît! Les passagers du vol OA 205 pour Athènes sont priés de se présenter à la porte 23 et non pas 33 comme indiqué sur les cartes d'accès à bord pour embarquement immédiat. Je répète : embarquement immédiat porte 23 pour le vol OA 205. Merci.

Extrait n° 6
- Allô, bonjour Monsieur Salliou, ici le secrétariat du service de chirurgie de l'hôpital Tenon.
- Oui, bonjour madame.
- Je vous appelle de la part du docteur Pichot. Il ne pourra pas assurer ses consultations le mercredi 8 décembre. Aussi je vous appelle pour convenir d'un autre rendez-vous. Seriez-vous libre le vendredi 10 à 14 h 30 ?
- Ah! je suis désolé, mais je serai en déplacement dans le sud de la France. Je préférerais reporter le rendez-vous à la semaine suivante si c'est possible.
- Oui, pas de problème, j'ai une place le mercredi 15 décembre à midi et demi.
- Parfait. Je vous remercie. Au revoir, madame.
- Au revoir, monsieur.

TEXTES POUR LA COMPRÉHENSION ORALE

Déroulement de l'épreuve :
1. Distribution des questionnaires.
2. Écoute de la cassette sans interruption. Toutes les pauses sont calculées.

Exercice 1 : **Phonétique**

1. Un beau bond.
2. Ce sang coule.
3. C'est une incroyable ruse.
4. Je mange bien.
5. L'énorme verrou.
6. Est-ce le Var ?
7. J'admire ta serre.
8. J'aime ce gâteau.
9. Il est 12 heures.
10. Il vint.

Exercice 2 : **Extraits**

Extrait n° 1
Dans Urban, le mensuel qui est devenu indispensable, vous trouverez les rendez-vous commerciaux des grands magasins et toutes les informations pour participer à un concours dans le métro.

Extrait n° 2
Parce que le train fait partie de votre quotidien, le programme Transilien travaille à le rendre plus sûr, plus ponctuel et plus confortable.

Extrait n° 3
Au Palais de la Chaussure, découvrez la collection femme de cet hiver du 32 au 45, plusieurs largeurs. Pour obtenir notre catalogue gratuit, contactez le 01 49 79 31 12.

Extrait n° 4
Aujourd'hui, il fera beau sur l'ensemble du pays. Demain, dimanche, le ciel sera couvert et les températures commenceront à baisser.

Extrait n° 5
- Ici, le cabinet dentaire du Dr Jamet.
- Bonjour, madame, je suis M. Montant. Je voudrais savoir si je pourrais voir le Dr Jamet aujourd'hui ?
- C'est pour une urgence ?
- Oui, j'ai très mal à une dent.
- J'ai une place demain, samedi, à 12 heures.
- Demain, je ne peux pas, je pars en voyage.
- Alors, passez aujourd'hui vers 14 heures.
- D'accord.
- Rappelez-moi votre nom.
- M. Montant . M.O.N.T.A.N.T.

Extrait n° 6
Vous voulez vous informer sur les transports dans la capitale. Du 4 au 22 septembre, des agents des transports parisiens répondent à toutes vos questions. Téléphonez au 08 36 68 77 14.

Extrait n° 7
- Théâtre des Champs-Elysées. Bonjour.
- Bonjour, monsieur, je voudrais savoir quel jour seront joués les concertos pour piano de Chopin ?
- Le 19 septembre, à 20 heures.
- Reste-t-il encore des places ?
- Oui, il y a encore des places à 35, 25 et 5 euros.
- Est-ce que je peux réserver ?
- Bien entendu. Pour combien de personnes ?
- Pour quatre personnes.
- Vous voulez des places à quel prix ?
- Des places à 25 euros, s'il vous plaît.
- C'est à quel nom ?
- Mme Charpentier.
- Voilà, c'est fait. Vous passerez payer à la caisse trente minutes avant la représentation.
- Merci. Au revoir.

TEXTES POUR LA COMPRÉHENSION ORALE

Déroulement de l'épreuve :
1. Distribution des questionnaires.
2. Écoute de la cassette sans interruption. Toutes les pauses sont calculées.

Exercice 1 : **Phonétique**

1. Tu as vu cette vague!
2. J'ai été au magasin.
3. Il est resté déçu.
4. C'est une bonne glace.
5. Ils ont vu ta tasse.
6. Tu vas travailler.
7. C'est ta roue ?
8. Il est trop sot.
9. Tu dois vendre ce bois.
10. Ils préfèrent le bon thym.

Exercice 2 : **Extraits**

Extrait n° 1
Le 10 septembre à 18 heures, concert de flûte et piano à l'église St Georges. Au programme Mozart, Bach, Ravel... Entrée libre, renseignements au 03 44 75 72 00.

Extrait n° 2
Demain, le temps restera couvert sur toute la France. Des averses sont prévues en fin d'après-midi. Les températures seront douces. Une amélioration est prévue pour le week-end.

Extrait n° 3
Ce soir sur Paris Première :
.à 19 h 30 : *Le crime du siècle*, comédie fantastique anglaise de 1998 en version originale.
.à 21 h 00 : les dernières nouvelles avec un résumé des rencontres sportives de la journée.
.à 21 h 30 : *Qui est qui ?*. Sylvain Dujardin présente un acteur comme chaque jeudi.

Extrait n° 4
Venez nombreux à Dijon pour la 10ᵉ foire à la brocante : poupées, linge de maison, bijoux seront au rendez-vous.

Extrait n° 5
Allô, Julien, c'est Stéphanie. Écoute, je t'appelle pour te dire que je ne pourrai pas partir vendredi comme prévu. Mes parents viennent d'avoir un petit accident, ils sont à l'hôpital. Rappelle-moi dès ton retour.

Extrait n° 6
- Théâtre de la ville, bonjour.
- Bonjour, madame, je voudrais savoir s'il vous reste des places pour la pièce de ce soir...
- Non, je suis désolée, tout est réservé. Mais attendez une minute, je crois qu'il y a eu une annulation ce matin. Oui, c'est exact, nous avons encore deux places au balcon.
- Quel est le prix s'il vous plaît ?
- 27 euros chacune.
- D'accord. La pièce commence à 21 heures, je crois ?
- Oui, mais vous devez régler vos places à 20 heures au guichet car après cette heure elles seront remises en vente.
- Entendu. Merci, madame.
- Au revoir, monsieur et bonne soirée.

TEXTES POUR LA COMPRÉHENSION ORALE

Déroulement de l'épreuve :
1. Distribution des questionnaires.
2. Écoute de la cassette sans interruption. Toutes les pauses sont calculées.

Exercice 1 : Phonétique

1. On l'a remonté en douceur.
2. Voici Mme Meurant.
3. Je l'attends.
4. Apporte une pile.
5. C'est une grande cage.
6. Elle n'a pas pris de bain.
7. C'est un grand cru.
8. Il déteste ce jaune.
9. Je l'ai appelé.
10. Quel vilain tas !

Exercice 2 : Extraits

Extrait n° 1
Les 24 et 25 septembre, c'est la fête dans tous les jardins de Paris ! Venez en famille ou avec vos amis ! Des centaines d'animations gratuites vous seront proposées : visites guidées, randonnées, cours de jardinage.

Extrait n° 2
Attention ! dans toute la France, le trafic sera nul dans la journée du 26 septembre. En effet, tous les syndicats appellent les employés à la grève pour obtenir des augmentations de salaires. Il n'y aura donc aucun train de 8 heures à 20 heures. Nous conseillons aux voyageurs de ne pas prendre leur voiture, mais les bus et les autocars qui seront mis à leur disposition dans toutes les grandes villes.

Extrait n° 3
Attention ! Pendant 15 minutes encore, au rayon ameublement de notre magasin, vous pouvez profiter de 30% de réduction sur les salons et les chambres à coucher. Dépêchez-vous !

Extrait n° 4
- Bonjour, monsieur. Je suis étudiante et je cherche une chambre dans une cité universitaire.
- Oui, mademoiselle. Quel est votre niveau d'études et où est située votre faculté ?
- Je suis en troisième année de Lettres Modernes. Mes cours sont dans Paris et j'aimerais habiter à côté de la fac.
- Bon. Il y a des chambres universitaires dans le 5ᵉ arrondissement, mais beaucoup d'étudiants sont déjà inscrits sur les listes depuis longtemps. Je ne pense pas qu'il y aura une place pour vous. Je vous conseille de remplir tout de même une demande et je vous contacterai si une chambre se libère au dernier moment. Voulez-vous me donner votre nom et votre numéro de téléphone ?
- Mon numéro est le 01 41 12 32 06 et je m'appelle Alexandra Martin.
- Au revoir, mademoiselle.

Extrait n° 5
- Allô, monsieur Dubuis ?
- Oui, c'est lui-même. Bonjour, madame.
- Bonjour, monsieur. J'ai lu votre numéro de téléphone dans la brochure *Tourisme en Bretagne* et j'aimerais savoir si vous avez une chambre d'hôte de libre pour samedi 9 et dimanche 10 septembre.
- J'ai, en effet, des chambres de libre à cette date-là. C'est pour combien de personnes ?
- Pour deux personnes. Comme je voyage avec une amie, nous voulons réserver une seule chambre, mais avec deux lits. Quel sera le prix ?
- Pour deux personnes, c'est 37 euros la nuit. Le petit déjeuner est compris.
- Bon. Nous avons un chien et un chat très gentils, est-ce un problème pour vous ?
- Bien sûr que non, nous avons l'habitude des animaux et nous avons déjà eu trois chiens.
- C'est parfait, alors vous pouvez réserver la chambre au nom de Mme Oblet.
- Et bien, à bientôt, Mme Oblet.
- Au revoir, M. Dubuis.

TEXTES POUR LA COMPRÉHENSION ORALE

Déroulement de l'épreuve :
1. Distribution des questionnaires.
2. Écoute de la cassette sans interruption. Toutes les pauses sont calculées.

Exercice 1 : **Phonétique**

1. Ivana est rousse.
2. Ils arrêtent tout de suite.
3. Regardez la marche!
4. Elles sont sur le pont.
5. On a pris un bon bain.
6. Je le vends.
7. Donnez-moi ce livre!
8. Prends ce riz!
9. Ce sont de beaux cheveux.
10. Ce n'est pas son camp.

Exercice 2 : **Extraits**

Extrait n° 1
Le marché aux antiquités prévu ce dimanche 1er octobre à Pantin est annulé. La salle des fêtes n'est pas prête pour accueillir tous les articles exposés.

Extrait n° 2
Monsieur Laplanque est demandé à la réception pour reprendre son passeport. Je répète, Monsieur Laplanque est demandé...

Extrait n° 3
Ce week-end, la ferme du Lys, près de Melun, vous ouvre ses portes pour venir cueillir vous-mêmes fraises, framboises, pêches, poires et autres fruits de saison. Vous pourrez également y faire votre provision de tomates, salades et pommes ou encore acheter des fromages et du lait. C'est samedi et dimanche de 10 h à 19 h à la ferme du Lys.

Extrait n° 4
Mesdames et messieurs, votre attention s'il vous plait, en raison d'un problème technique en gare de Marne-la-Vallée, les panneaux d'affichage lumineux ne fonctionnent pas. Soyez attentifs aux annonces sonores. Merci de votre compréhension.

Extrait n° 5
Bonjour, vous êtes bien au cabinet du Docteur Mimoun, cardiologue. Pour prendre rendez-vous, merci de rappeler à partir de lundi matin 9 h 30. À bientôt.

Extrait n° 6
Eurolines vous offre le week-end à Londres pour 99 euros aller-retour en TGV, l'occasion d'essayer le tunnel sous la Manche.

Extrait n° 7
Du 1er au 15 octobre, dans toute l'Île-de-France, la chaîne française de restaurants Croquenbouche vous fait découvrir le petit déjeuner américain. Avec tous les petits déjeuners classiques, on vous offre un œuf sur le plat au bacon et un bol de lait avec des pétales de céréales. Chez Croquenbouche, c'est la quinzaine américaine.

Extrait n° 8
- Allô, Anaïs ? C'est Thibaud. Dis, je voulais t'inviter demain soir chez moi.
- Oui, c'est pour quoi ? Tu fais une fête ?
- Non, juste comme ça, parce que mes parents sont pas là. J'ai demandé aussi à Maëlle et Gaétan de venir.
- Ouais, d'accord, mais je peux pas passer avant 8 heures, j'ai mon cours de danse le vendredi soir.
- C'est bon. À demain, alors.
- À demain.

TEXTES POUR LA COMPRÉHENSION ORALE

Déroulement de l'épreuve :
1. Distribution des questionnaires.
2. Écoute de la cassette sans interruption. Toutes les pauses sont calculées.

Exercice 1 : **Phonétique**

1. Regarde ces chats.
2. J'ai chanté.
3. Quels chants sympathiques !
4. Ce riz est bon.
5. Le pont est beau.
6. Je suis sûr.
7. Quel bois !
8. Ils sont montés.
9. Comme il est blanc.
10. J'aime ce paon.

Exercice 2 : **Extraits**

Extrait n° 1
Allô, ici Mme Broa, le professeur de sport de Marie. Je vous téléphone pour prendre contact avec vous, comme vous l'avez souhaité, puisque je n'étais pas à la réunion des parents. Vous pouvez me contacter lundi. Je suis à l'école de 12 h 30 à 13 h 30. Voilà. Merci, au revoir.

Extrait n° 2
Le 8 novembre, de 10 h à 19 h, venez fêter le 29e anniversaire du Salon des cuirs. Des promotions de rêve, des articles de qualité.

Extrait n° 3
Ce week-end, le temps sera très frais mais ensoleillé dans le nord du pays. De la neige tombera en montagne, à basse altitude.

Extrait n° 4
Mesdames et messieurs les voyageurs, nous disposons de nouvelles informations. Notre métro est bloqué à la station Madeleine, en raison d'un incident technique. Le conducteur est en train de faire les réparations. Nous vous conseillons de prendre les correspondances ou un bus.

Extrait n° 5
- Bonjour madame. Je vous appelle parce que ma fille, Pauline, voudrait inviter Sophie samedi ou dimanche.
- C'est très gentil. Samedi, ça serait très bien.
- Sophie peut venir déjeuner à la maison.
- Avec plaisir. Nous devons déjeuner chez des amis qui n'ont pas d'enfants. Elle sera ravie de jouer avec Pauline. Est-ce que je peux la déposer vers midi ?
- Bien entendu, sans problème. Elles vont pouvoir s'amuser.
- Pouvez-vous me rappeler votre code ?
- Oui, c'est le 25 B 48. Et c'est au 2e étage.
- À samedi et merci !

Extrait n° 6
- Bonjour, c'est Mme Duval ?
- Oui.
- Ici France Télécom. Je vous appelle pour vous proposer deux nouveaux services gratuits : la conversation à trois et la possibilité d'interroger votre répondeur à distance. Est-ce que cela vous intéresse ?
- Oui, expliquez-moi en quoi consiste la conversation à trois.
- Vous pouvez vous mettre en relation avec deux correspondants en même temps.
- D'accord. Ces deux services m'intéressent.
- Alors, je vais vérifier vos coordonnées. Vous êtes bien Mme Duval, D-U-V-A-L. Votre adresse est 3, rue Lagille, dans le 18e, à Paris ?
- Oui.
- Quel est votre prénom ?
- Caroline.
- Vous recevrez un courrier dans la semaine que vous nous renverrez signé et vos nouveaux services seront installés dans les dix jours.
- Merci beaucoup.
- Merci de votre accueil, Madame Duval.

TEXTES POUR LA COMPRÉHENSION ORALE

Déroulement de l'épreuve :
1. Distribution des questionnaires.
2. Écoute de la cassette sans interruption. Toutes les pauses sont calculées.

Exercice 1 : **Phonétique**

1. Je ne le bois pas.
2. Oh, là, là! Mais, tu t'es trempé!
3. Ils ont froid.
4. Mon amie est petite.
5. Écoutez bien les chants!
6. As-tu vu les chats ?
7. Il faut relever ton col.
8. C'est plutôt marron.
9. Elle la loue.
10. Quelle belle fille!

Exercice 2 : **Extraits**

Extrait n° 1
Bonjour, ici Nathalie Leroy du Crédit Bordelais. Pouvez-vous me rappeler, c'est au sujet de votre compte épargne logement. Merci.

Extrait n° 2
Pour les deux prochains jours, Météo France prévoit un temps ensoleillé, mais assez frais le matin.

Extrait n° 3
Sur la ligne Montparnasse-Versailles, le trafic est très perturbé, certaines catégories de personnel ayant cessé le travail. Merci de votre compréhension.

Extrait n° 4
Pendant trois jours, dans votre magasin, c'est la fête de la maison! Aux rayons décoration, cuisine, linge de maison, de nombreux articles vous sont proposés à tout petit prix. Venez vite faire votre choix!

Extrait n° 5
Des trains plus pratiques et moins chers pour tous, voilà l'objectif de la S.N.C.F. qui continue sa rénovation. Dès le mois de mai, les enfants de moins de 4 ans disposeront d'une place assise pour le prix de 7,60 euros, quelle que soit la distance. Les jeunes de 18 à 25 ans voyageront aussi à prix réduit, moins 25%, dans la plupart des trains, sans avoir besoin d'aucune carte.

Extrait n° 6
- Bonjour, je vous appelle pour l'annonce de *Libération* pour un appartement à Vaugirard.
- Ah! désolée, il est déjà loué, mais nous en avons un autre très bien aussi, dans le même quartier. C'est un appartement très ensoleillé, au 1er étage, dans un immeuble ancien qui a été rénové l'année dernière. Il a trois chambres, un grand séjour, cuisine, salle de bains, w.c. séparés.
- Oui, effectivement, c'est intéressant. Et le loyer est de combien ?
- 853 euros, toutes charges comprises.
- Bien. Et... on peut le visiter ?
- Oui, bien sûr, quand vous voulez, nous avons les clés à l'agence.
- Vendredi soir, c'est possible ?
- Absolument, vendredi à 18 heures à l'agence. Nous irons ensemble à l'appartement. Il est au 93, rue du Commerce.
- C'est bien ça.
- Parfait, alors à vendredi!

TEXTES POUR LA COMPRÉHENSION ORALE

Déroulement de l'épreuve :
1. Distribution des questionnaires.
2. Écoute de la cassette sans interruption. Toutes les pauses sont calculées.

Exercice 1 : **Phonétique**

1. C'est de l'amour.

2. C'est un beau vœu.

3. Je n'aime pas cet orage.

4. Elles sont douze.

5. Il a pris une pierre.

6. Elle a les cheveux blancs.

7. Mais, ce n'est pas vrai.

8. Il n'y a pas de gare.

9. L'enfant veut une bouillie.

10. Je ne suis pas sûr.

Exercice 2 : **Extraits**

Extrait n° 1
Mesdames et Messieurs, bienvenue dans le TGV numéro 847. Nous vous rappelons qu'un bar se trouve dans la voiture n°4 de votre train. Nous vous souhaitons un bon voyage.

Extrait n° 2
Nous nous excusons de cet arrêt momentané en gare d'Avignon, en raison d'un léger incident technique. Mais l'arrivée à Nice se fera à l'heure prévue.

Extrait n° 3
Pour la journée de demain, soyez prudents : des vents violents de 120 km/h sont prévus sur les côtes et à l'intérieur des terres. Il est conseillé aux habitants de ne pas sortir de chez eux.

Extrait n° 4
- SNCF, Nicole Parlier, bonjour.
- Bonjour. Je voudrais réserver deux billets de train pour un aller-retour Paris-Cannes, dans un compartiment non-fumeur.
- Oui, monsieur, à quelles dates ?
- Le départ le 22 décembre et le retour le 26 décembre.
- J'ai encore deux places à 13 h 50, pour l'aller.
- Très bien.
- Pour le retour, j'ai 13 h 15.
- Parfait!
- Veuillez noter votre numéro de réservation. C'est GB 3510. Vous avez jusqu'au 15 décembre pour venir chercher vos billets à la gare de votre choix.
- Merci beaucoup. Au revoir, madame Parlier.
- Au revoir, monsieur.

Extrait n° 5
- Allô, l'agence " Centre immobilier " ?
- Oui, madame, bonjour.
- Bonjour. Je m'appelle Mme Latuile et je vous téléphone pour avoir quelques renseignements au sujet d'une location que vous avez à Antony.
- Oui, quel type de location ?
- C'est un appartement F3 à 655 euros par mois.
- En effet. Il mesure 55 m². Il y a deux chambres, une salle de séjour ouvrant sur un petit jardin privé. La résidence est située près d'un grand parc.
- Quand est-il libre ?
- Le 1er octobre.
- Bon. J'aimerais le visiter.
- Je vous propose mercredi à 15 h. Rendez-vous à l'Agence.
- D'accord, merci, au revoir, monsieur.
- Au revoir, madame Latuile.

COMPRÉHENSION ÉCRITE

— 1ʳᵉ PARTIE —

Texte 1 :

1. Un article de journal.
2. Un sauvetage extraordinaire.
3. Il a eu une attitude étonnante.

Texte 2 :

1. à un service consommateurs.
2. à un(e) responsable de produits alimentaires.
3. Il a échappé à un incendie.

Texte 3 :

1. Un employé de parking.
2. d'un nouveau service pour les conducteurs.
3. aux automobilistes.
4. seront en fonctionnement dans les mois à venir.

— 2ᵉ PARTIE —

1	2	3	4	5	6	7	8	9	10	11
g	c	f	j	a	d	i	b	e	h	k

PRODUCTION ECRITE

Exemple :

Cher Marc,
    Merci de ta lettre. Bravo à Sophie et toi pour les examens ! Malheureusement, je ne pourrai pas être avec vous pour la fête : j'ai eu une très mauvaise note en anglais et mon père m'a envoyé dans un collège en Angleterre. Il y a six heures de cours par jour et en plus, je n'ai pas le droit de sortir. Je penserai bien à vous samedi et je serai bien triste. Le week-end, je peux recevoir des visites : venez, s'il vous plaît!
    Je vous attends. Grosses bises à tous les deux.

Claude
98 mots

COMPÉTENCE STRUCTURALE

Texte 1 :

Depuis / de / toute / qui / chaque / plus / pris / vous / comme / l' / permet / nouveaux / vivons

Texte 2 :

chauffer / Coupez / les / faire / dans / du / chaud

81

COMPRÉHENSION ORALE

Phonétique

Oui : 3. 5. 8. 10.
Non : 1. 2. 4. 6. 7. 9.

Questions sur les extraits

Extrait n° 1 :
1. un arrêt du trafic.
2. d'un incident technique.
3. La ligne n° 4.
4. Changer de ligne.

Extrait n° 2 :
1. d'un médecin.
2. Entre 10 h et 16 h.

Extrait n° 3 :
1. - Des romans.
   - Des chemises.
   - Des cafetières.
2. La possibilité de jouer à une loterie.

Extrait n° 4 :
1. Un film policier.
2. est formidable.
3. un journal sportif.
4. À 23 h 30.
5. hebdomadaire.
6. d'un documentaire touristique.

Extrait n° 5 :
1. aux passagers d'un seul vol.
2. Parce qu'on leur a donné une mauvaise information.

Extrait n° 6 :
1. Un malade.
2. reporter un rendez-vous.
3. Le mercredi 15 décembre à midi et demi.

COMPRÉHENSION ÉCRITE

——— 1ʳᵉ PARTIE ———

Texte 1 :

1. un livre de conseils.
2. à tout le monde.
3. ne comporte aucun risque.

Texte 2 :

1. un cédérom.
2. être organisé.

Texte 3 :

1. le gouvernement.
2. des jeunes dans la société.
3. tous les trois mois.

Texte 4 :

1. une réserve animalière.
2. assister au repas des animaux.

——— 2ᵉ PARTIE ———

1	2	3	4	5	6	7	8	9	10	11
g	i	k	a	h	j	b	c	e	f	d

PRODUCTION ÉCRITE

Exemple :

Cher Claude,
Une promenade dans la campagne le premier jour des vacances : quelle bonne idée ! Je viendrai avec plaisir. J'ai un vélo neuf. Tu verras ça...
Peux-tu me dire où est le rendez-vous ? À quelle heure partons-nous ? Pas trop tôt, s'il te plaît, c'est les vacances !

Est-ce qu'il faut emporter un pique-nique ou est-ce qu'on déjeunera au petit restaurant du village ?
Dernière question : est-ce que Philippe sera là ? Cette fois, j'espère bien gagner la course.
Merci beaucoup à toi. À samedi, s'il ne pleut pas trop! Amitiés.

Dominique
100 mots

COMPÉTENCE STRUCTURALE

Texte 1 :

au / une / sans / morceaux / à / - / Ajoutez / battez / dernier

Texte 2 :

du / est / aussi / pour / vous / composez

Texte 3 :

publiée / ont consacré / leurs / Ces / surtout

COMPRÉHENSION ORALE

Phonétique

Oui : 3. 6. 8.
Non : 1. 2. 4. 5. 7. 9. 10.

Questions sur les extraits

Extrait n° 1 :
1. un magazine.
2. des renseignements sur un jeu.

Extrait n° 2 :
1. les transports publics.
2. une meilleure sécurité.

Extrait n° 3 :
1. des bottes.
2. 01 49 79 31 12

Extrait n° 4 :
1. du soleil.
2. le temps se rafraîchira.

Extrait n° 5 :
1. à un dentiste.
2. prendre un rendez-vous.
3. voyage.
4. 2 heures de l'après-midi.
5. Montant.

Extrait n° 6 :
1. septembre.
2. sur les bus et le métro.
3. Au téléphone.

Extrait n° 7 :
1. à un théâtre.
2. d'un concert.
3. Le 19 septembre.
4. À 20 heures.
5. 25 euros.
6. le jour du spectacle.

COMPRÉHENSION ÉCRITE

1re PARTIE

Texte 1 :

1. aux goûts des jeunes.
2. Des journaux.
3. quelques jours.

Texte 2 :

1. Une fête payante.
2. - écouter de la musique.
   - assister à un spectacle.
   - dîner.
   - participer à un bal.

Texte 3 :

1. Faits divers.
2. Les secours sont leur dernier espoir...

Texte 4 :

1. un article de guide touristique.
2. Son marché est quotidien.
3. conseille la découverte de certains lieux.

2e PARTIE

1	2	3	4	5	6	7	8
c	f	d	b	g	e	a	h

PRODUCTION ÉCRITE

Exemple :

Paris, le 25 juin

Cher Paul,

J'ai fait avec mes parents une promenade en bateau très agréable. On embarque à l'Île aux Oiseaux. On se promène sur la rivière pendant une 1 h 45 et il y a un très bon buffet.

J'ai pris des œufs durs mayonnaise, du saumon et un gâteau au chocolat. Je voudrais bien faire cette croisière avec toi. Je suis sûre que tu adoreras. Ce n'est pas très cher : 75 euros par personne.

Dis-moi vite si je peux réserver les places pour samedi prochain. Le départ est à 20 heures. Je t'embrasse très fort.

Caroline
100 mots

COMPÉTENCE STRUCTURALE

Texte 1 :

Cet / qui / en / se / du / chambres / que / apprécient / servis / votre / de / plusieurs / est / acceptons

Texte 2 :

aider / leur / organise / s' / fumer / du

COMPRÉHENSION ORALE

Phonétique

Oui : 3. 4. 7. 8. 10.
Non : 1. 2. 5. 6. 9.

Questions sur les extraits

Extrait n° 1 :
1. Une manifestation culturelle.
2. Le 10 septembre à 18 heures.

Extrait n° 2 :
1. de la pluie.
2. agréables.
3. meilleure.

Extrait n° 3 :
1. un film étranger.
2. À 21 heures
3. *Qui est qui ?*
4. d'une émission sur le cinéma.

Extrait n° 4 :
1. À Dijon.
2. - Des jouets.
   - Des draps.
   - Des bagues.

Extrait n° 5 :
1. annuler un rendez-vous.
2. Ils ont un problème.
3. Lui téléphoner.

Extrait n° 6 :
1. un théâtre.
2. Ce soir.
3. annonce qu'il n'y a plus de places.
4. 27 euros.
5. à 20 heures.
6. Parce qu'il doit payer les billets.

COMPRÉHENSION ÉCRITE

1ʳᵉ PARTIE

Texte 1 :

1. un livre.
2. la météorologie.
3. On ne sait pas.

Texte 2 :

1. - les tarifs.
   - les surfaces.
   - le confort.
2. de toute la France.

Texte 3 :

1. Des chiens.
2. de participer à des activités.
3. s'informer.

2ᵉ PARTIE

1	2	3	4	5	6	7	8	9	10	11
g	f	a	e	b	c	k	i	j	h	d

PRODUCTION ÉCRITE

Exemple :

Bordeaux, le 4 septembre

Chère Solange,

J'ai reçu ta lettre et je suis vraiment désolé de ne pas pouvoir t'aider. Tu sais que j'aime beaucoup rendre service à mes amis mais, cette fois, c'est absolument impossible.

Pour les poissons et les plantes, il n'y a pas de problème mais j'ai tellement peur des chiens que jamais je ne pourrai m'occuper du tien.

Ma copine adore les animaux. Je peux lui demander de t'aider, si tu veux. Avec elle, tu seras tranquille. Elle passera te voir à 5 heures samedi. Gros bisous.

Dominique
96 mots

COMPÉTENCE STRUCTURALE

Texte 1 :

À partir de / de / occuperont / à / cette / avec / plus

Texte 2 :

par / dans / bien / pendant / remplacer / du / pas

Texte 3 :

occupez / ou / Pour / votre / peut / Tous

COMPRÉHENSION ORALE

Phonétique

Oui : 3. 6. 9.
Non : 1. 2. 4. 5. 7. 8. 10.

Questions sur les extraits

Extrait n° 1 :
1. La nature.
2. En septembre.
3. des promenades dans les parcs.
4. Faux.

Extrait n° 2 :
1. trains.
2. Dans la France entière.
3. 8 heures.
4. Plus d'argent.

Extrait n° 3 :
1. 30 %.
2. a déjà commencé.
3. des meubles.

Extrait n° 4 :
1. un logement pour étudiant.
2. Dans la capitale.
3. trop tard.
4. littérature.
5. 01 41 12 32 06

Extrait n° 5 :
1. Bretagne.
2. une chambre pour deux.
3. Un week-end.
4. une amie.
5. 37 euros.
6. prendre le petit déjeuner.
7. M. Dubuis.
8. Faux.

COMPRÉHENSION ÉCRITE

1re PARTIE

Texte 1 :

1. des conseils pour être en meilleure forme.
2. doit marcher le plus souvent possible.
3. dormir un peu l'après-midi.

Texte 2 :

1. – acheter des meubles
   – vendre un véhicule.
2. – téléphoner.
   – remplir un bulletin.
3. Vrai.

Texte 3 :

1. de société.
2. – Mère de famille.
   – Spécialiste du bâtiment.
3. le couple du film est très authentique.
4. c'est un film très réussi.

2e PARTIE

1	2	3	4	5	6	7	8
c	g	a	h	d	f	b	e

PRODUCTION ÉCRITE

Exemple :

Nice, le 25 juillet

Chère Juliette,

Tu sais que Mamie aura 80 ans le 31 août. Nous voulons faire une grande fête avec toute la famille. Nous avons pensé à un dîner dans le jardin de François. J'ai demandé aux enfants de jouer une petite pièce de théâtre, à Nicolas de faire des tours de magie et à Christian de jouer de la guitare.

Mais je voudrais bien ton aide pour la cuisine : une paella par exemple. Je ne sais pas bien faire la cuisine et pour vingt-cinq personnes, c'est très difficile !

J'attends ta réponse. Merci, Juliette. Je t'embrasse.

Jacqueline
99 mots

COMPÉTENCE STRUCTURALE

Texte 1 :

avec / de la / Faites / casserole / bouillante / en / vivement / ajoutez / pour / le / cuire / prêtes / refroidir

Texte 2 :

vous / prêtons / ses / trouver / Si / le / il y a

89

COMPRÉHENSION ORALE

Phonétique

Oui : 3. 4. 8. 9.
Non : 1. 2. 5. 6. 7. 10.

Questions sur les extraits

Extrait n° 1 :
1. D'une vente de vieux objets.
2. n'aura pas lieu du tout.

Extrait n° 2 :
- Le passeport d'une personne est resté à l'accueil.

Extrait n° 3 :
1. À la campagne, dans les champs.
2. - Fruits.
   - Légumes.
3. Deux jours.
4. De 10 h à 19 h.

Extrait n° 4 :
- Les informations seront données oralement.

Extrait n° 5 :
1. d'un médecin.
2. lundi, 9 h 30.

Extrait n° 6 :
1. un voyage.
2. À Londres.
3. 99 euros.

Extrait n° 7 :
1. deux semaines.
2. français.
3. Pour faire connaître d'autres habitudes
   alimentaires.
4. le petit déjeuner.
5. - Céréales.
   - Oeufs.

Extrait n° 8 :
1. à passer une soirée ensemble.
2. Anaïs et deux autres amis.
3. accepte.
4. fait du sport.

COMPRÉHENSION ÉCRITE

───── 1ʳᵉ PARTIE ─────

Texte 1 :

1. dans la capitale.
2. recevoir une formation.
3. s'informer auprès de France Télécom.

Texte 2 :

1. financière.
2. est récente.

Texte 3 :

1. comédienne.
2. a plusieurs métiers.
3. sa vie manque d'intérêt.

Texte 4 :

1. conseiller les clients.
2. les goûts.
3. Faux.

───── 2ᵉ PARTIE ─────

1	2	3	4	5	6	7	8	9	10
d	e	g	j	h	c	a	b	f	i

PRODUCTION ÉCRITE

Exemple :

Paris, le 18 avril

Chère Pauline,

Merci de ta lettre. Ton idée me plaît bien. J'adore me retrouver avec toute la famille : tout le monde crie, les enfants s'amusent, les grands discutent.

Cette année, tu peux peut-être emporter des jeux de société.

Où se trouve la maison ? J'adore être près de la mer. Est-ce qu'elle est loin du village ? Quels sont les commerces ? Et est-ce que cette location coûte cher ? Je ne suis pas très riche.

J'attends ta réponse. Merci encore. Gros bisous.

François
87 mots

COMPÉTENCE STRUCTURALE

Texte 1 :

de / vous / devenir / seulement / que / pour / votre / permettent / également / proposer

Texte 2 :

par / mal / d' / quand / qui / Pour / s'est / vos / - / allez

91

▼

COMPRÉHENSION ORALE

Phonétique

Oui : 5. 9.
Non : 1. 2. 3. 4. 6. 7. 8. 10.

Questions sur les extraits

Extrait n° 1 :
1. Un enseignant.
2. quel jour elle est disponible.
3. de 12 h 30 à 13 h 30.
4. elle était absente.

Extrait n° 2 :
1. un événement commercial.
2. Le 8 novembre.

Extrait n° 3 :
1. froid.
2. il neigera.

Extrait n° 4 :
1. dans le métro.
2. de partir.
3. un problème mécanique.

Extrait n° 5 :
1. samedi ou dimanche.
2. à 12 heures
3. jouer ensemble.
4. 25 B 48.
5. Le 2e étage.

Extrait n° 6 :
1. offerts.
2. Vrai.
3. Caroline Duval.
4. 18e.
5. dans une dizaine de jours.

COMPRÉHENSION ÉCRITE

— 1re PARTIE —

Texte 1 :

1. Une entreprise publique.
2. D'enfermer son chien.

Texte 2 :

1. peuvent participer à un concours.
2. un journal régional.
3. en rapport avec la ville.
4. pourront lire leur article dans le journal.

Texte 3 :

1. un entretien avec un responsable du personnel.
2. veut engager 400 personnes.
3. nécessite une formation.
4. propose un salaire assez bas.

— 2e PARTIE —

1	2	3	4	5	6	7	8	9	10	11
g	a	h	e	k	d	j	f	i	c	b

PRODUCTION ÉCRITE

Exemple :

Fresno, le 15 juillet

Cher Paul,

Tu ne vas pas le croire mais c'est vrai : je suis enfin aux États-Unis ! Juliette et moi avons atterri vendredi à New York. Manhattan est aussi beau le jour que la nuit. Le lendemain, nous avons repris l'avion et loué une voiture pour traverser les Montagnes Rocheuses. Et hier, nous sommes passés dans la Vallée de la Mort : le désert est immense, très beau mais très chaud... J'adore l'aventure et elle continue. Demain, nous irons à San Francisco. Nous y resterons plusieurs jours.
Nous pensons à toi. Je t'embrasse fort.

Jacques
99 mots

COMPÉTENCE STRUCTURALE

Texte 1 :

pour / en / de / tranches / Faire / chaque / ajouter / pendant / chaud

Texte 2 :

qui / un peu de / depuis / j'ai toussé / ordonnance / par / du sirop / endormira / avez / Prenez / par

COMPRÉHENSION ORALE

Phonétique

Oui : 2. 5. 8. 10.
Non : 1. 3. 4. 6. 7. 9.

Questions sur les extraits

Extrait n° 1 :
1. Une employée de banque.
2. Lui téléphoner.

Extrait n° 2 :
1. du soleil.
2. basses.

Extrait n° 3 :
1. sont irréguliers.
2. des arrêts de travail.

Extrait n° 4 :
1. des réductions de prix.
2. Quelques jours.
3. - Des serviettes de table.
   - Des assiettes.

Extrait n° 5 :
1. mai.
2. 4 ans.
3. 7,60 euros
4. Les jeunes.
5. Faux.

Extrait n° 6 :
1. n'est plus disponible.
2. quatre pièces.
3. est très clair.
4. premier étage.
5. 853 euros.
6. vendredi à 18 heures
7. À l'agence.
8. 93, rue du commerce.

COMPRÉHENSION ÉCRITE

──────── 1re PARTIE ────────

Texte 1 :

1. D'une expérience écologique.
2. Dans une ville.
3. - Les voitures de pompiers.
   - Les ambulances.

Texte 2 :

1. une aide pour les loisirs.
2. Aux adolescents.
3. les conduire en ville.

Texte 3 :

1. De l'éducation à la gastronomie.
2. Faux.
3. Depuis plus de dix ans.

──────── 2e PARTIE ────────

1	2	3	4	5	6	7	8	9	10	11
e	d	j	g	h	i	k	c	a	f	b

PRODUCTION ÉCRITE

Exemple :

Alicante, le 20 juin

Chère Dominique,

Merci beaucoup de ta lettre. Ton invitation est vraiment sympathique et je voudrais bien connaître Paris mais, excuse-moi, je ne suis pas libre. En juillet, je vais à la campagne près de Bordeaux chez des amis. Viens donc me retrouver là-bas. La maison est grande et mes amis t'invitent. Il y a une piscine et tu pourras nager toute la journée. À Bordeaux, il fait toujours beau et chaud.

Mes amis et moi, nous attendons ta réponse. Grosses bises

Claude
87 mots

COMPÉTENCE STRUCTURALE

Texte 1 :

se / à / l' / où / déjeuner / ensuite / pendant / courses / le

Texte 2 :

doit / ou / du / de

Texte 3 :

cet / depuis / les / mais / des / vous / chez

COMPRÉHENSION ORALE

Phonétique

Oui : 3. 5. 10.
Non : 1. 2. 4. 6. 7. 8. 9.

Questions sur les extraits

Extrait n° 1 :
1. 847.
2. consommer des boissons.

Extrait n° 2 :
- Une courte attente.

Extrait n° 3 :
1. des services météorologiques.
2. une tempête.
3. 120 km/h
4. de rester dans leurs habitations.

Extrait n° 4 :
1. réserver un billet.
2. d'une gare.
3. Cannes.
4. Le 22 et le 26 décembre.
5. GB 3510

Extrait n° 5 :
1. un trois-pièces.
2. À Antony.
3. 655 euros / mois
4. un espace vert.
5. 55 m².
6. 1ᵉʳ octobre.
7. mercredi à 15 heures.

Imprimerie Hérissey - Évreux - N° 91538
Dépôt légal : 19317 - 5253/01